ゆめタウンの男

戦後ヤミ市から
生まれたスーパーが
年商七〇〇〇億円に
なるまで

イズミ名誉会長
山西義政

プレジデント社

目次

序章

イズミとセブン&アイ、50年目の業務提携

第1章

原点——焼け跡からの出発——29

第2章

小売の時代が来る！―――71

第3章 「革新」の作法——変化を捉え、機を逃さず——109

第4章

人を生かせば「喜び」が循環する

第5章　挑戦と創造は続く――163

扉・写真／明田弘司

序章

イズミとセブン＆アイ、50年目の業務提携

２０１８（平成30）年4月5日、イズミとセブン＆アイ・ホールディングスは業務提携で合意しました。

その中身はというと、電子マネーの相互開放、相手グループ店舗内への出店、資材などの共同調達、ＰＢ（プライベートブランド）商品取り扱いの検討などを連携して進めるとともに、セブン＆アイグループのイトーヨーカ堂との間で、仕入れの統合や輸入品、地域産品などの共同調達、西日本地域の店舗の共同運営や共同出店等を行っていくという、広範囲に及ぶ提携内容です。

セブン＆アイといえば、全国2万店規模のセブン‐イレブンをはじめ、ＧＭＳ（総合スーパー）のイトーヨーカドー、ＳＭ（スーパーマーケット）のヨークベニマル・ヨークマート、百貨店のそごう・西武などを展開し、営業収益6兆円という日本を代表する流通グループ。一方、私が58年前に創業したイズミは、西日本を中心に店舗展開し、「ゆめタウン」をはじめとするＧＭＳ68店、ＳＭ１２４店を展開していますが、営業収益は７０００億円と、セブン＆アイの8分の1ほどの規模です。

今回の提携合意も、その1年半ほど前にイズミ側からの申し入れが発端となっていることから、イズミからセブン＆アイへの支援要請という捉え方をされる向きも多いのではないでしょうか。

イズミ、セブン&アイ提携発表記者会見

確かに、後で述べるように、近年イズミの課題となっている若年層の開拓など、セブン&アイ側に教えていただく点は多くあり、今回の提携が今後のイズミの成長・発展に大きくプラスになることは間違いありません。

しかし、私自身の気持ちとしては、この提携を通じて、公私ともに長年にわたってお世話になった伊藤雅俊名誉会長と、伊藤名誉会長が一代で築いた「イトーヨーカ堂」（「セブン&アイ」よりも自分の中ではしっくりとくる呼び方です）にご恩返しができる、という思いが強いのです。

伊藤雅俊さんとの出会い

私が伊藤雅俊さんと初めてお会いしたのは、たしか渥美俊一さんが主宰していたチェーンストア経営の研究団体「ペガサスクラブ」の会合の場だったと思います。昭和40（1965）年ごろのことです。ただ、そのころはまだご挨拶をする程度で、それほど親しく接していたわけではありませんでした。

伊藤さんとのご縁が深くなったのは、ヨーカ堂の店舗を勉強のために見せていただくようになってからです。当時、勢いのあったスーパーといえば、ダイエーさんとイトーヨーカ堂さん。そこで、どちらも店舗に出向いて勉強させていただいたんですが、自分としてはダイエーよりもヨーカ堂がしっくりくる、参考になるということで、ヨーカ堂〝創業の地〟北千住を皮切りに、一時期は新店がオープンするたびに伺って見学させていただきました。

さらに、私は当時、「スーパーいづみ」と並行して衣料品製造販売会社「ポプラ」を経営していたのですが、その最大の得意先だったのがヨーカ堂さんで、これが伊藤さんとの距離を縮めるきっかけとなりました。

今は「ポプラ」といってもご存じない方も多いと思いますが、当時はネグリジェやパジャマでは国内で最大の売上を誇っていました。小売業のスーパーを運営しながら、一方でメーカーも経営していたわけです（このことをめぐって渥美さんからは厳しいご意見をいただくことにもなりましたが、これについては第2章で触れます）。

ポプラの得意先の大半は全国のスーパーで、当然ながらダイエーさんとの取引額も大きかったのですが、あるとき取引を打ち切られることになって、結果ヨーカ堂さんが最大の得意先になったのです。

その後、取引額はさらに増え、ポプラが本社ビルを新築した際には、取引先代表として伊藤さんにご挨拶をしていただくまでになりました。

当時、ヨーカ堂さんとの取引には問屋として伊藤萬（のちのイトマン）が入っていて、住友銀行から来られた河村良彦氏が社長を務めていました（その後、周知のようにイトマン事件で失脚されましたが）。そこで、河村さんと伊藤さんは2、3カ月に1回、情報交換の場を持たれていましたが、私もその会合に参加させていただくことになりました。もっとも情報交換とはいっても、私の方は伊藤さんから流通や経済に関するいろいろな資料を提供いただいて、勉強させてもらう、という立場でしたが。

こうして伊藤さんとの長年にわたる交友が始まったわけです。

伊藤さんからは公私ともに、有形無形のさまざまな影響を受けました。

伊藤さんという方は、何よりもまず、人の言うことをきちんと聞かれます。いつもメモ帳を取り出して、相手の話すことをこまめにメモに取られるのです。これに触発されて、私もメモ帳をいつも携帯し、気になったことは何でもメモするようになりました。実際にこれをやってみると、大事なことを聞き逃すことがなくなり、かつ話のポイントを頭の中で整理して記憶することができるようにもなりました。

そこで、この素晴らしい習慣を会社の従業員にも身につけさせようと、社内用にイズミ特製のメモ帳を作って、社員に配布するようになりました。今でもイズミでは全社員がこのメモ帳を常に持ち歩き、活用しています。

ヤオハンの拡大路線を心配し、相談

親交を深めていく中で、伊藤さんとは何かあれば相談に乗っていただけるまでの間柄になりました。

現在、イズミの代表取締役社長を務めている山西泰明は、ヤオハングループの創業者、和田良平・カツの五男です。縁あって私の娘婿となり、イズミの2代目社長を務めていますが、彼の長兄が、ヤオハングループを一大流通チェーンに成長させた和田一夫氏です。

和田さんは、日本の流通企業がまだ海外進出に及び腰だったころから南米やアジアに打って出て、海外展開を積極的に進めていました。ブラジルを手始めに、香港、マレーシア、タイ、中国……と次々に店舗を作り、日本初の国際流通グループとして脚光を浴びていました。

スピード感をもって拡大路線を推し進める和田さんの経営者としての手腕には、もちろん敬意を抱いてはいましたが、イズミはヤオハンとは対照的に、限られたエリアに集中して店舗展開を進めるドミナント戦略をとっていましたので、「国内で事業の基盤がしっかりしていないのに、やり過ぎではないかな」と、しだいに心配する気持ちが頭をもたげてきました。

あるとき、和田さんが伊藤さんと熱海で海外戦略について意見交換をしたという話を小耳にはさんだので、思い切って伊藤さんに相談することにしました。

「今のヤオハンのやり方で大丈夫でしょうか。親戚としてやはり忠告せにゃいけんと思うんですが、どうですかね」

私の話を黙って聞いていた伊藤さんは、しばらくして
「山西さんね、聞く耳を持たれますかな」

とだけおっしゃった。

忠告すべきか、すべきでないか答えるのではなく、一言「聞く耳を持つかな」。あとは自分

で考えなさい、ということでしょう。伊藤さんとしては、どんなに実のある意見をしても、それを相手がきちんと受け止めてくれるかどうか、そこから忠告の是非を判断するべきだ、という意図をこの一言に込められたのでしょう。ここに伊藤さんの素晴らしさ、賢さが表れています。「偉い人やなあ」と思いましたね。

結局、伊藤さんのアドバイスを基に考え直し、和田さんに意見することは控えました。その後、ヤオハンは会社更生法を申請し倒産するに至りましたが、周りの意見に左右されず独自路線をひたすら走り続けた和田さんですから、伊藤さんのおっしゃるように、私の意見で経営方針を変えることはなかっただろうと思っています。

わが家にとっての「命の恩人」

ヨーカ堂ではヨークセブン（のちのセブン-イレブン・ジャパン）を立ち上げた鈴木敏文さんを中心にコンビニエンスストア事業に邁進《まいしん》するようになり、また、こちらも衣料品の製造事業から撤退したことで、会社同士の関係は以前ほど密接ではなくなっていきましたが、伊藤さんと私との個人的なお付き合いはずっと続いていました。

泰明の長男、私にとっては孫の大輔（現・イズミ中央事業部部長）は大学卒業後にイズミに入社する予定でしたが、その前にアメリカで流通の勉強をさせておきたいと考えた泰明が伊藤さんに相談したところ、米国有数のスーパーマーケットチェーン、ウェグマンズを紹介してくださいました。

そして、アメリカに渡りウェグマンズで働きながら勉強を続けましたが、そのうちに現地で知り合った中国の女性と結婚したいという話になり、これも伊藤さんに相談したんです。本人同士はもう結婚を決めているということで、伊藤さんからはアドバイスではなく祝福していただいた形になりましたが。

また、社長の泰明は以前、心臓病を患ったときに、その分野の第一人者である医師を伊藤さんからご紹介いただきました。その先生は内科医でしたが手術を勧められ、さらにその先生から外科の名医をご紹介いただいて、手術を受けることができました。難しい手術だったのですが、おかげさまで全快することができました。伊藤さんはまさにわが家にとって「命の恩人」というわけです。

イズミとヨーカ堂との関係を語る上で、ヨークベニマル会長の大高善興さんも外すわけにはいきません。東北食品スーパーの雄、ヨークベニマルの大高さんとは、長年親しくさせていただいていますが、伊藤さんからの信任も厚く、イズミとヨーカ堂とで大事な取り決めをする際も、大高さんに加わっていただくことが多かったのです。

今回、ヨーカ堂さんとの業務提携の話がうまく進んだのも、大高さんが間に立って調整してくださったことが大きいです。また、私との縁だけでなく、社長の泰明も学生時代から大高さんと懇意にしていました。

私の2番目の孫は、3年ほどヨークベニマルで勉強させていただきました。大高さんは孫のことを気に入ってくださり、孫の方も充実した3年間を過ごさせていただきました。一度、孫が働いている店舗に伺った際に、パートさんたちから「あなたのおじいちゃんって、あなたにそっくりね!」などと声をかけられました。本来は孫が私に似ているというべきところですけど、まあ、それだけあちらに溶け込んで生き生きと仕事をしていることが分かりましたので、ほっと胸をなでおろしましたが。

当時、孫はまだ結婚相手も決まっていないのに、仲人は大高さんにお願いしたいと言っていました。大高さんとのご縁も、イズミにとってもわが家にとってもかけがえのないものです。

「イズミの売場づくりを学んでいきたい」

2014（平成26）年、イトーヨーカ堂は岡山の天満屋ストアの株式20パーセントを取得して、資本業務提携を結びました。

この案件で、もともと天満屋ストアの増資に一番に名乗りを上げたのはイオンでした。そこで、当社も負けじと参戦し、イオンよりも高い金額を提示しました。それだけこちらも本気だったということです。

ところが、そのあとでヨーカ堂が名乗りを上げてきました。新聞などの報道によると岡山では1年後にイオンが大型店を出店する予定もあり、西日本でも出店攻勢を加速させているイオンの動きに、ヨーカ堂さんも危機感を募らせていたのかもしれません。

この話を聞いて、私は天満屋ストアの株式取得を断念することにしました。ヨーカ堂さんと競り合ってまで天満屋の経営に乗り出すということはやめようと思ったのです。伊藤さんとの関係、ヨーカ堂とそれまで築いてきた大切な関係を壊したくなかったからです。結果的にヨーカ堂さんとの提携が成就し、本当によかったと思います。

一方で、ヨーカ堂の岡山店は業績不振が続いていて、2017（平成29）年には閉店せざ

ゆめカード

るを得なくなります。その結果、中国エリアのヨーカ堂店舗は、福山店（広島県福山市）1店のみということになりました。岡山店の閉店で福山店は陸の孤島と化し、物流コストなどの負担が重くのしかかることは容易に想像できました。

そこで、少しでもヨーカ堂さんの力になれれば、ということで福山店の運営継承をこちらから申し出たのです。不採算店の整理など構造改革を進めていたヨーカ堂としては、イズミが福山店を引き受けることで、GMS事業の収益が改善することになるからです。また、西日本でドミナント戦略を展開するイズミにとっても、またとない機会でした。

そして、この福山店継承（現在、オープ

ンに向けて改装中です）を発展させる形で、イズミとセブン＆アイとの業務提携へと話が進んでいくことになりました。

今回、提携内容として挙げた項目の中には、すでに取り組みが進んでいるものもあります。たとえば「電子マネーの相互開放」については、数年前から、「ゆめタウン」などイズミの6店舗でセブン＆アイの電子マネー「ｎａｎａｃｏ」（ナナコ）による決済ができるようにする実験的な運用を重ねてきました。これを全店に広げるとともに、イズミの電子マネー「ゆめか」についても当社出店エリアのセブン‐イレブン全店で利用できるようになりました。

業務提携を記者発表した日、セブン＆アイも決算発表の席上でこの提携について公表しました。日本経済新聞の記事によると、提携発表の場で伊藤雅俊さんの次男である伊藤順朗取締役が、イズミとは「現場レベルでかねて交流があり、信頼関係を醸成してきた」とし、「地理的に補完関係にある経営資源の有効活用で構造改革を進められると期待している」と強調した上で、「イズミの売場づくりを学んでいきたい」と語られたとのことです。

セブン＆アイの次の時代を担う順朗さんから、こうしたコメントをいただくことは大変ありがたいと思いましたが、自分にとってヨーカ堂は多くのことを学ばせていただいた〝お師匠さん〟であり、その位置づけはこれからも変わりません。

ヨーカ堂さんにとってＧＭＳは、祖業であるというだけでなく、今後の発展を方向づける企業活動の〝土台〟であるといえるのではないでしょうか。GMSという業態にはまだまだ驚くほどの伸びしろがあるはずです。そこで私たちが少しでもお役に立ち、ヨーカ堂さんの〝原点〟であるGMS事業に貢献できるとしたら、こんなにうれしいことはありません。

これからの時代、少子高齢化が進む中で、いかに地域の小売業におけるシェアを高めていくかがイズミにとっても大きなテーマになってきます。現在の業績は好調ですが、イズミの顧客の中心は主婦層、シニア層で、やはりお客さまの高齢化は進んでいきますから、今後は若い世代をどう取り込んでいくか、このあたりはヨーカ堂さんのお力をぜひお借りしたいところです。

イズミはおかげさまで、2018年度の連結ベースの営業利益額が350億円、営業利益率が4・8パーセントとGMS業界屈指の業績を収めるまでになりましたが、中国・四国・九州という限られたエリアで奮闘してきたに過ぎません。長らく先頭に立って戦後の流通業界を牽引してきたヨーカ堂さんとの協力関係を深めていくことは、イズミにとっても大きな意味があるのです。

新業態店「LECT」で小売業の未来を窺う

先ほど触れたように、伊藤雅俊さんにはヨーカ堂のお店をたくさん見せていただき、勉強させてもらったのですが、イズミが200億円を投じて建設した「LECT」がオープンしたときには、今度は伊藤さんの方が興味を示してくださり、ぜひ見学させてほしいという話になりました。

LECTは敷地面積5万4800平方メートル、延べ床面積が12万8500平方メートルという大型施設で、既存店とは一線を画す新しい業態の店舗です。2017(平成29)年4月28日、広島市西区の商工センターにオープンしました。

「家族、夫婦、カップルだけでなく、一人で来ても居心地よく、ゆったりとした気分でくつろげる空間」をコンセプトに、「知・食・住」をテーマに構成する、今までにないライフスタイル提案型、時間消費型の店づくりを目指しました。

核テナントとして、「知」=カルチュア・コンビニエンス・クラブ(CCC)、「住」=カインズに入ってもらい、「食」はイズミの「ゆめタウン」「youme食品館」が担う、という形です。

LECT

LECTは〝小売業はこれからどうあるべきか〟を模索する一環として、イズミなりに練り上げたコンセプトを形にしたものです。温めていた構想をいい形で具体化するチャレンジができたと満足しています。

おかげさまで業界内でも一定の評価をいただき、流通情報専門誌「ダイヤモンド・チェーンストア」の恒例企画「STORE OF THE YEAR 2018」で、「単にモノを販売するのではなく、『第3の居場所（サードプレイス）』となる施設づくりを追求している点が高く評価された」として、光栄にも商業集積部門の第1位に選んでいただきました。

伊藤さんにもぜひご覧いただきご指導を仰ぎたいのですが、なかなかタイミングが

CCC運営の広島T-ＳＩＴＥ店内

カインズ広島LECT店内のカインズ工房

合わずまだ実現できておりません。ぜひご案内できればと思っています。

半世紀にもわたる伊藤さんとの交流を懐かしく振り返っていますと、そこからさかのぼってイズミを創業したころへ、さらには終戦後に広島に復員し、焼け跡でゼロから商売を始めたころへと思いを巡らせてみたくなります。

今までは過去を振り返るのを良しとしてこなかった私ですが、この世に生を受けてまもなく1世紀にもなろうとしていますので、このへんで自分が歩んできた人生を辿り直してみてもいいかなという心境になりました。

IT化、デジタル化の波は流通業にも及び、アマゾンのような企業が小売業界を席巻する時代になりましたが、イズミという会社を育み成長させてきた、いわばイズミの〝DNA〟とも呼ぶべきコアな部分は、これからもまだまだ通用するのではないかと考えます。そのDNAは、私が試行錯誤しながら歩んできた前半生で培われたと思っています。

いささか前置きが長くなりましたが、次章からは時計の針を1世紀ほど前に戻し、私の辿ってきた半生についてお話しさせていただければと思います。

第1章

原点——焼け跡からの出発

1945（昭和20）年、秋も深まったある日の広島駅駅頭——。

終戦で海軍から復員し、横須賀駅から汽車を乗り継いでようやく故郷の広島に降り立った私は、目の前に広がる焼け野原を呆然と眺めていました。

「本当に、何もなくなってしまったんだな」

駅周辺の建物はことごとく倒壊し、広島湾の方に目を向けると、本来は駅から見えるはずのない似島《にのしま》も見渡せます。

一つの都市を根こそぎ壊滅させた原子爆弾の威力を見せつけられるとともに、日本に突き付けられた敗戦という現実を身に染みて実感しました。

すべてを失った日本はどうなるのだろう。そして、自分自身どうやって生きていったらいいのだろう——。

「いずれにしても、自分の力でこれからの人生を切り拓いていかなければ」

無に帰した故郷の大地を踏みしめながら、混沌とした時代を生き抜くための手立てについて、私はあれこれと考えを巡らせはじめていました。

アサリ、シジミの行商で家計を助ける

私の生まれは、1922（大正11）年9月1日、関東大震災のちょうど1年前です。山口県に接する広島県大竹市で生まれましたが、すぐに広島市南区宇品に転居しました。

その頃は両親と私、それに妹の4人暮らしでした。他にもきょうだいはいたようですが、生活が苦しく養子に出すなどして、私と妹だけが残ったということです。ただ、他のきょうだいのことは詳しく知らされていませんでした。

父は大の酒好きで、収入も安定せず、暮らし向きは苦しかったです。住まいは6畳一間で風呂もなく、便所も共同という環境でした。しかし、私はそんな家庭であっても父親が大好きでしたし、家族も愛していました。

近隣は自然に溢れていて、遊び場には事欠きません。友達とともに野山を走り回り、木登りをして遊ぶなど、腕白な少年時代を過ごしました。

ただ、母親が病弱で、妹もまだ幼かったので、子ども心に自分も家計を助けなくては、という思いが募っていきました。

そこで、宇品尋常小学校に入学すると、まず新聞配達を始めました。毎朝4時に起きて、

新聞の束を抱えては町中を走り回ります。当時はどこの家にも新聞受けなどはなく、手で折り曲げた新聞を軒下に投げ込むのが「配達」でした。これを走りながらやるのは、なかなか技術が必要だったのですが、しばらく続けるうちに器用にこなせるようになりました。

配達が終わると、家で朝食をとって学校に通っていました。

やがて、学校から帰ると、シジミ、アサリの行商をするようになりました。

宇品という町はすぐ目の前が海で、浜は浅瀬になっていました。そこではハマグリ、アサリ、シジミが取れるのです。

学校が終わると、すぐに海へ行き、ハマグリやシジミを取っては、リヤカーに積んで売り歩きました。

新聞配達をする姿を同級生に見られるのも多少は恥ずかしかったのですが、このアサリ、シジミ売りはもっと恥ずかしく思っていました。本当なら、家族のために働いているのですから、何の恥ずかしさを感じる必要もないのに、やはり貧しいということで引け目を感じていたのかもしれません。

ただ、行商は行商でおもしろさもあります。今でこそ至るところにスーパーマーケットがあり、そこに足を運べば新鮮な魚介類はすぐに手に入りますが、当時は町中に小さな魚屋がある程度で、家々を売り歩く行商人から魚などを購入することが多かったものです。アサリやシジミは傷むのも早いため、新鮮な品物を売りに来る行商人は歓迎されました。

夕飯時にリヤカーで歩いていると、必ず買ってくれる人がいました。たいていが家庭の主婦です。そのためにも、大きな声で「シジミに〜ハマグリ〜、アサリ〜」と売り声を出さなくてはいけません。黙ってリヤカーを引いているだけでは、誰も気づかないのです。

売り声もリズムをつけて、語呂をよくした方が耳に心地いい。リズミカルに売り声を上げていると、各家庭の主婦たちが集まってきます。そんなことをいろいろ研究し、試していました。

また、一度買ってくれた主婦たちに、次の日もその次の日も買ってもらうにはどうしたらいいかを考えたりもしました。毎日、同じ時間に小学生の坊主がリヤカーで売りに来る、そのことを覚えてもらえばいいのではないか。できるだけ同じ時間に、同じ界隈を練り歩く、そうした工夫もしました。

「シジミ〜ハマグリ〜、シ〜ジミ〜に〜アサリ〜」

「坊や、アサリのいいの、ある？」

「あるよ。今日はたくさん取れたから」

「じゃ、今日はアサリのお味噌汁にしようかしら」

「おばちゃん、ありがと！」

16歳にして一家の大黒柱に

この行商、少しは家計の足しになったようです。売れ行きのいい日は、いつも母の喜ぶ顔が浮かびました。自分が稼いだお金で味噌が買える、米が買える、それが親孝行でもあったのです。

今から思うと、主婦たちを相手に「欲しい物を欲しい人に届ける」という商売の基本を学んだのかもしれません。お客さんの喜ぶ顔、「ありがとうね」という感謝の言葉、それもまた励みになっていたのです。

では、それが後々にまで続く商いへとつながっていったかといえば、そのころの私はただただ生きていくことに必死で、「商い」を生業《なりわい》にしようなどという考えはまだありませんでした。少しでも家計の足しになるように稼がなくてはならない。そのことだけを考えていました。

16歳のとき、父親が亡くなりました。脳溢血です。私たち一家が貧しいながらも明るく元気いっぱいに暮らしてこられたのは父親のおかげです。その父親がいなくなったことは、とてもショックでした。簡素な葬儀でしたが、その間ずっと泣き通したことを覚えています。

しかし、いつまでも悲しみに打ちひしがれているわけにはいきません。16歳にして、母と妹を養っていかなくてはならなくなったのです。山西家の生活が、一気に私の両肩にのしかかってきました。

それからは、これまで以上に仕事に励むことになります。

一つの仕事だけでは一家の暮らしはまかないきれません。いくつもの仕事を掛け持ちしました。昼間は軍需工場。そこで旋盤を使って、さまざまな機械の部品を作りました。夜は宇品港で船に荷を運ぶ港湾労働者として働きました。

宇品は陸軍の軍部があったため、宇品港から、当時の満州へと多くの荷物が運ばれていきました。それらを港から貨物船に運び入れる仕事です。

暗い中、岸壁から貨物船まではあゆみ板と呼ばれる細い板が渡されているだけでした。その上を歩いて荷物を運ぶのですが、一歩間違うと荷物と共に海に落ちてしまう危険がありました。緊張しながら荷物を運ばなければなりませんでした。

仕事が終わるのは深夜近くになります。銭湯も閉まっています。井戸水で体を洗って、そのまま帰宅したりもしました。

きっと、そのころに知らず知らずに足腰が鍛えられたのでしょう。以後も、いろいろな肉体労働、軍隊での訓練などもすることになるのですが、肉体的に「辛い」と感じたことはありませんでした。

仕事に明け暮れてはいましたが、たまには息抜きもします。そのころの私は、広島市の八丁堀界隈にあった東洋座という映画館で、市川右太衛門などが出演する時代劇映画を見るのが唯一の娯楽でした。また、食べることについては、1杯5銭の温かい肉うどんが自分にとって最高のご馳走だったのです。電車に乗るのももったいないと思い、浮いたお金でよく肉うどんを食べたものです。

そうこうするうちに私も20歳になり、徴兵検査を受けることになります。検査の前年に太平洋戦争が始まっていましたから、甲種合格になるとすぐさま召集令状が送られてきました。

海軍に入隊、すんでのところで命拾い

召集された私は海軍に回され、大竹にあった海兵団で3カ月の訓練を受けました。

そこから配属先が決められたのですが、「お前は航空母艦や」ということで、私は「飛鷹《ひよう》」という航空母艦に乗船するように命令されたのです。

そのころ、飛鷹は日本の海軍基地があった西太平洋のトラック島（現・チューク諸島）に

航空母艦「飛鷹」

停泊していたので、そこに赴くことになりました。

ところが、トラック島に到着すると、飛鷹は横須賀に向けてすでに出港しており、行き違いになってしまいました。わざわざ遠方まで出向いたのに肩透かしを食らった形です。仕方なくしばらくの間トラック島に滞在して、日本に戻ってきました。

その後、飛鷹は千葉県の館山の沖で戦闘機の発着訓練をすることになります。私たちも館山に行き、訓練を行いました。

私は機関兵としての勤務で、エンジンルームでの作業が主でした。機械を動かすことはできませんので、雑用やエンジンの掃除です。空母を動かしているのは自分たちだという誇りもあり、仕事はやりがいが

上等兵のころ

ありました。

そして何より、海軍では三度三度の食事をきちんととれることがありがたかったです。当時、陸軍に比べて海軍は物資が豊富で、ゆとりがあったのです。航空母艦などは戦闘で重要な役割を担っていたため、とくにそうだったのでしょう。

それまでの暮らしでは、昼間から夜間と仕事を掛け持ちしていましたし、まともな食事にもなかなかありつけませんでした。何しろ肉うどんが大のご馳走だったのですから。それが、海軍では朝から夕方まで働けばよく、食事も質・量ともに豊かです。今までの生活に比べたら雲泥の差で、「こんないいところはないいな」と私は満足していました。

ところが、1943（昭和18）年の末ごろになると、アメリカの潜水艦が日本近海までやってくるようになっていました。沖で訓練をしている大型軍艦は米軍の標的となっており、飛鷹もまた狙われていたのです。あるとき、館山沖にいた飛鷹に三発の魚雷が打ち込まれ、大破してしまいました。その結果、戦闘には使えなくなり、横須賀の海軍工廠《こうしょう》――海軍の兵器などを製造する工場です――で修理することになりました。

修理には半年ほどかかるということで待機していたのですが、その間に海軍の工機学校を受験してみないかという話がありました。飛鷹からは私を含めて2人が受けることになりました。他からも大勢受験に来ていましたが、合格したのは2人だけで、そのうちの1人が私だったのです。ただ、採用は一人だけということで、くじ引きで入学者を決めることになりました。

その結果、私がくじに当たり、工機学校に行くことになりました。

ところが、この学校に通っている間に飛鷹は修理を終え、出港してしまいました。学校に入学したことで、私は乗り込めなかったわけです。

1944（昭和19）年6月、戦局が悪化するなか飛鷹が向かった先は、マリアナ沖でした。アメリカのサイパン島上陸作戦に対抗するため、日本海軍が総力で挑んだ戦いです。太平洋戦争では最大の航空母艦同士の戦いといわれています。

伊四〇〇

しかし、空母、戦闘機の数では圧倒的にアメリカが優勢でした。日本のレーダー能力不足や兵隊の訓練不足も露呈し、戦闘2日目で多くの空母、戦闘機が失われました。このときに飛鷹も撃沈され、海の底に沈んでしまったのです。

私は、かろうじて命拾いをしました。

もしも、工機学校に合格していなければ、間違いなく飛鷹に乗り込み、マリアナ沖に出撃していたはずです。そして、空母とともに海の藻屑《もくず》となっていたことでしょう。

巨大潜水艦の機関兵に

工機学校を卒業すると、今度は広島の大

伊四〇〇の仲間とともに

竹市にある潜水艦学校に入学することになりました。航空母艦から潜水艦の機関兵にくら替えとなったわけです。潜水艦学校で訓練を受けたのち、世界一大きな潜水艦といわれた「伊四〇〇型潜水艦」に乗るよう命じられました。

この巨大潜水艦の誕生にまつわる逸話があります。

山本五十六連合艦隊司令長官は生前、「このまま戦争が続くと日本は危ない。和解しなくてはならない」と考え、日本が有利に和解するための方策を考えました。そのためには、まず日本軍の威力を誇示し、その上でさっさと和解する、それが一番ではないか、と。そこで巨大潜水艦を造って、アメリカの西海岸まで行って爆撃するとい

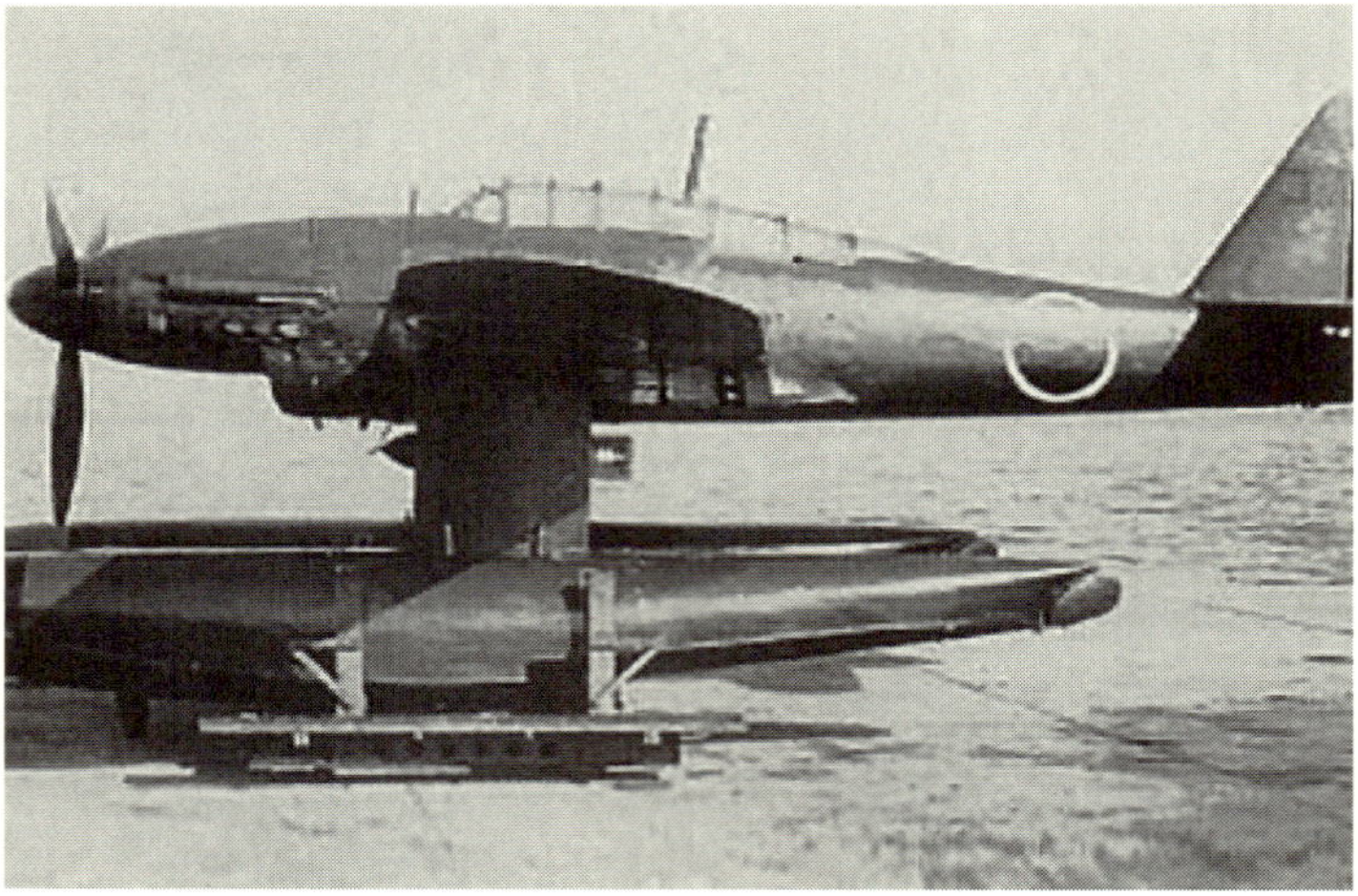

伊四〇〇を母艦とする「晴嵐」

う作戦を立てました。それがこの伊四〇〇型潜水艦だったというわけです。

ですから、この潜水艦は一度出航すると、地球を1周半するぐらいの航続力を有していたのです。おまけに潜水艦内に戦闘機を3機収納したまま潜航することができました。

戦闘機は「晴嵐」といい、これを3機送り出したら、母艦の伊四〇〇は敵の攻撃をかわすため、すぐさま海中深く潜航しなければなりません。そのための訓練をいやというほどやらされました。海上で戦闘機が飛び立ったら、そのあといかに早く潜れるか、それが撃沈されるかどうかの生命線だったからです。

機関兵だった私のポジションは、機械室

「晴嵐」を搭載する格納庫

の指示や命令を伝える伝令でした。大型のタンクに水を入れることで潜水艦は沈下しますが、その際「ベント開けー！」と命令を伝えるのが私の役目です。重要な指示ですので切迫感をもってタイミングよく伝えなければならず、ジェスチャーを交えるなどいろいろと工夫をしました。

巨大潜水艦だったにもかかわらず、伊四〇〇の艦内は狭く、とても窮屈《きゅうくつ》でした。蚕棚のようなところに居住し、「できるだけ明かりは消せ、水はあまり使うな、運動はせず息をする程度にしろ」といった具合に、水やエネルギーを節約する生活を強いられました。

食事については、潜水艦だけは通常の軍隊とは違って、下士官や兵隊にも将校と同じ白米があてがわれました。栄養豊富な缶詰も大量に積んでいましたが、艦内では動き回れず、だんだんと体力が消耗するためか、缶詰類にはすぐに嫌気がさしてきて、「酢レンコンや梅干しが食べたいなぁ」という気持ちになったことを覚えています。

しかし、潜水艦は攻撃され沈没したら全員が助からないという〝運命共同体〟でしたから、上官が下の者を制裁するといったこともなく、艦内の雰囲気はとても家族的で、温かいものでした。

出撃の直前に終戦を迎える

さて、戦局がさらに悪化し、当の山本司令長官も亡くなってしまうと、「山本さんの言うような作戦ではいかん」という意見が軍部の大勢を占めるようになり、その内容が大きく変更になります。

新たに決まった作戦は、伊四〇〇型潜水艦を使ってパナマ運河を爆撃するというものでした。当時、アメリカの艦隊はヨーロッパ戦線に集結していました。しかし、イタリアが降伏し、ドイツの敗戦も濃厚になっていましたから、アメリカ艦隊は次の照準を日本に定め、侵攻してくることは目に見えていました。その際、通り道になるパナマ運河を破壊すれば、大西洋から太平洋へと向かう敵国の軍艦の通行を阻止することができると考えたのです。

しかし、この「パナマ運河壊滅作戦」の準備をしているうちに、またまた作戦が変更になりました。ドイツがついに降伏し、アメリカ艦隊はすでにパナマ運河を越えてしまったからです。そこで、今度は西太平洋のウルシー環礁を攻撃することになりました。沖縄、台湾、フィリピンなどからほぼ等距離にあるウルシー環礁は、アメリカ海軍各部隊の集結地点になっていました。こうした作戦変更に、当時の日本軍の右往左往ぶりが表れているといえるでしょう。

そしてウルシー環礁への出撃が決まりました。1945（昭和20）年8月のことです。この爆撃に向かったら、もう生きて帰ってはこられない、そのような覚悟での出撃です。

折悪しく台風の季節でした。私たちの潜水艦が出撃する前に偵察に出る僚艦「伊四〇二」の到着が、台風のために遅れていました。私たちは、ウルシー環礁を前に、一日待機せざるを得ませんでした。

ようやく僚艦が到着し、明日はいよいよ爆撃に出るという日のこと、1本の無線電報が届きました。

天皇陛下による終戦の詔勅がなされたというのです。

アメリカ軍に接収された伊四〇〇は、その後アメリカで入念に調査された

つまり、戦争が終わったのです。私は、ここでまた九死に一生を得ました。

日本が無条件降伏をしたことで、航空母艦並みの威力を持つ伊四〇〇型潜水艦は、すぐにアメリカ軍に接収されてしまいました。アメリカ兵たちが次々と艦内に乗り込んできて、日本の国旗が降ろされ、アメリカの国旗が掲げられました。

その後、私たちは横須賀へと連れていかれ、そこで復員ということになりました。

「とにかく広島へ帰ろう」

私は横須賀から立錐《りっすい》の余地もない満員の汽車に乗り込み、何度も何度も乗り継いで、広島へと向かいました。

活気溢れるヤミ市で生きる術《すべ》を見出す

広島に到着すると、私はすぐに家族を探しましたが、母は原爆のためすでに亡くなっていました。ただ、妹は結婚し、婚家で暮らしていたため難を逃れたことが分かりました。

「さて、これからどうするか」

私の手元にあるのは800円の現金だけ。勤め人の給料だと2カ月分に過ぎません。これを元手にして生きていかなくてはならない。

戦前の広島というのは軍都で、繁華な町ではありませんでした。兵器を作る兵器廠《へいきしょう》、食糧を備蓄する糧秣廠《りょうまつしょう》、そのような施設があるだけで、あとは小さな商店などが並ぶ程度です。では、焼け野原となった今の広島は？　駅前を眺めてみると、露店が並んでいます。いわゆるヤミ市です。町中は一面の焼け野原なのに、その界隈だけは人混みもあり、活気に溢れていました。

露店の間を縫うようにして歩いてみました。

本当にいろいろな物が売られていて、老若男女、大人から子どもまでが、生きるための物資を求めて訪れています。大声で話す人たち、走り回る人たち、売り物を値切る声、立ちのぼる湯気、得体の知れない食べ物の焼ける匂い……猥雑ではあるものの、それまで抑圧されていた民衆のエネルギーが満ちていました。

その光景を見ていると、私はかつてアサリやシジミを売り歩いたことを思い出しました。あのころと同じように、また人々の欲しがる物、必要な物を売ればいいのではないか。

そう考えていたとき、ふと、潜水艦に乗務していた折に同じ部隊にいた戦友と交わした会話を思い出しました。彼は広島県北部の三良坂《みらさか》出身でした。

「お前の家、何をしとるんじゃ」

「わしんとこは、親父が死んで、わしが家族を支えとるんじゃ。軍需工場と港の積み荷運びじゃ。お前んとこは、何をやっとる?」

「うちは農業じゃ」

「米を作っとるのか」

「いや、山の上じゃから米は取れんのよ。野菜や果物じゃ。それでも秋には柿がよおけ出来てのお。それを干し柿にしとるんじゃ」

そうだ。戦友の家では干し柿を作っていたんだっけ――。

ヤミ市を見ていると、誰も彼もが腹を空かしています。私もまた同じように空腹を抱えていました。ですから、食べ物を売る露店が最も多かったのです。

ただ、米や野菜を使った雑炊や、魚や肉の生鮮食品は伝手《つて》がないので、すぐには手に入りません。しかし、干し柿なら手に入るかもしれないし、すぐに食べられるから売れるのではないだろうか。そう考えました。

兵隊仲間の家はうろ覚えでしたが、とにかく訪ねてみることにしました。

露店で飛ぶように売れた干し柿

三良坂までは汽車で二時間かかります。彼のところは、その福山でも山の方にあり、駅から半日ほど歩いていかねばなりません。

それでも、やっと探し当てたのです。

彼も復員していて、農作業をしていました。

「おお、山西！」

私は干し柿を分けてもらえないかと頼み込みました。彼は快く、できたばかりの干し柿を売ってくれたのです。

その仕入れた干し柿を持って、早速、広島駅の前で露店を開きました。といっても、戸板を置いて、その上に干し柿を並べただけの店です。

ところが、この干し柿が飛ぶように売れました。

当時、口に入る物なら何でもありがたかったのですが、干し柿は旬でもあり、とても甘くできていました。当時、甘みは大変なご馳走です。

すべて売り切ったので、すぐにまた戦友の家に向かい、干し柿を分けてもらいました。

こうして広島駅前のヤミ市で干し柿を売ったのが、私の戦後の商売の始まりだったのです。

終戦直後は、とにかく物がない時代です。お金がなくても物があれば、物々交換で商売は成り立っていました。

干し柿を食べたいけれどお金がない。そこで、家にあった物を持ってきて「これと交換してくれないかね」という人がたくさんいました。「干し柿、くれんか」と配給で手に入れた地下足袋を差し出す人や、嫁入りしたときの衣装を持ってきて「替えてくれんね」という人もいました。自分の子どもがひもじい思いをしているときに、花嫁衣装よりも干し柿一つの方が大事だったのです。

かといって花嫁衣装が手に入っても、私には必要ありません。すると、この花嫁衣装が露店に並ぶわけです。あるいは他の露店に持ち込んで別の商品に替えてもらったりします。

手に入った物が別の物に交換されていく。すると、その時々に「必要な物」「売れる物」というのが分かってきます。

かつて行商していたときに肌で感じ取ったニーズ――夕飯時の町では、味噌汁の具になる海産物が売れる、それと同じことです。

戦争が終わり、世の中が混乱しているとき、まず必要とされた物は食べ物です。進駐軍から流れてきたコンデンスミルクなどは、あっという間に売れてしまいました。

では、食べ物の次に売れる物は？　それは衣料品ではないか、と考えました。

農家に農産物と物々交換するために持っていくのは、圧倒的に衣料です。逆に言うと、農家でも衣料が必要だからこそ物々交換に使われていたといえます。

これはヤミ市でもそうでした。人々が食べ物の次に欲したのは、まさに着る物だったのです。

戸板1枚の露店から「山西商店」へ

ヤミ市は熱気や活力に溢れていましたが、どこか乱暴でダーティーな雰囲気もありました。

映画『仁義なき戦い』の1作目で広島駅前のヤミ市が描かれていましたが、まさにああいった世界です。進駐軍の兵隊ややくざ者たちがわがもの顔でのし歩いていました。

そうした中で、私たちのような堅気の商売人も、彼らと対峙していかなければならない。当然、度胸もつきますし、肝も据わってきます。

目の前のお客さんと接する一方で、やくざ者たちと渡り合うことも多かったのです。あるときやくざ者がやってきて、ピストルを取り出し、これをかたに金を貸せと凄まれたこともありました。

「あんたたちに金なんか貸さんよ」

と追い返しましたが。毎日、はらはらどきどきしていましたが、一番楽しい時代でもありました。

しかし、駅前のヤミ市での露店は1年も経たずに、畳むことになりました。戸板の店ではなく、小さくても一軒の店を出すことにしたのです。

広島駅前の猿猴橋町《えんこうばしちょう》に8坪ほどの店を借りました。1946(昭和21)年のことです。当初、看板は掲げませんでしたが、その翌年に2階建ての店舗に移ってからは「山西商店」の看板を出しました。

従業員を3人雇い入れ、初めは今までの延長で何でも扱いましたが、次第に衣料品専門へと切り替えていきました。メリヤスの肌着、マフラー、それに靴下は必需品です。置けばすぐに売れてしまいます。

このころは小売もしていましたが、卸問屋としての取引の方を大きくしていきました。これは、私と丁稚3人では小売をするには限界があると考えたからです。お客の相手をするには店も小さいし、店員も少ない。それよりも、小売をしている店に品物を卸した方が効率もいいし、従業員も増やさなくて済みます。そうした理由で卸問屋にシフトさせていったのです。

そうはいっても、商売できるほど大量の衣料品が簡単に手に入るわけではありません。今と違って、とにかく物不足でしたから。衣料品は、誰もが喉から手が出るほど欲しがっていました。

調べてみると、神戸の三宮に衣料品を売っている問屋があることが分かりました。そこで、三宮まで仕入れに行こうと決めました。

同じ時期に、やはり三宮で薬の安売りを始めたのが、後にダイエーを作る中内功さんです。中内さんも戦地から復員して、商売を始めた人です。

こういった人たちが、賑やかな戦後のマーケットに大勢集まり、それぞれの方法で商いを始めたのです。

常識破りの現金決済が評判となる

神戸、そして後には大阪が仕入れ先となりますが、広島からはいつも音戸《おんど》号という夜間急行に乗り込みました。昼間の仕事を終えてから仕入れに向かうためです。

大阪では、真っすぐ繊維問屋街の船場に向かいました。少しでも多くの仕入れ先を回りたいので、預けておいた自転車を使って問屋巡りをします。仕入れた衣料品はその都度、荷台に積んでいきました。

いくつもの問屋を回っては、衣料品を買い込んでいきますから、どんどん荷物が増えていき、大量の衣料品を収めた鞄や風呂敷包みが20数個ほどになります。帰る頃には持ち切れないほどになっていますので、問屋の丁稚さんたちが荷物を駅まで運ぶのを手伝ってくれました。

荷物だけ別便にしてまとめて送るとなると、時間がかかり過ぎます。また、貨物便に乗せる手段もあったのですが、これも荷物を降ろして受け取る時間がもったいない。それで私がそれらを持って汽車に乗り込むのです。それが最も短時間で済む方法でした。どうも、私は若い頃から気が短かったようです。

夜行列車に乗り込み、荷物を網棚にずら一っと並べて置きます。私は、盗まれないように通路に立ったまま、一晩中寝ずの番です。

朝、広島駅に汽車が着くと、ホームでは私の店の丁稚たちが待っています。荷物を降ろすのを手伝い、用意してきたリヤカーに乗せて店へと直行するのです。

「山西には、いつも新しい品物があるなあ」

そんな声が聞こえてきました。それこそ、私が期待していた反応でした。

丁稚たちにはいつも「商売は素早くないとダメだぞ」と話していました。

これを繰り返していくことで、私の店は衣料品専門の店というイメージが作られていったのです。

大阪の船場へは週に2回以上、私が自ら出向きました。品物を自分の目で確かめて仕入れたかったからです。

ちなみに、仕入れるときは必ず現金決済です。手形は使いません。普通は品物が着いてからの支払いですから、手形を切るわけです。しかし、私は現金決済にこだわりました。仕入れのためにトランクいっぱいの現金を持ち歩いていました。このお金の持ち運びが面倒になったので、後には小切手を使うことを覚えて小切手の決済に変えました。

とにかく素早く小切手を切りたかったので、ズボンの左の尻ポケットに小切手帳を、右ポ

ケットには印鑑を紐で括りつけてねじ込み、話がまとまれば

「いくら?」

とその場で小切手を切る。50万円、100万円という額でも、ためらわずすぐに決済しました。そんなことをする人はいなかったので、大阪ですっかり評判になりました。これがその後の信用づくりに大きく貢献することになったのです。

もう一つ、私が古い商習慣を疑問に感じて、実践したことがあります。それが正札商売です。

かつての卸問屋は、顧客と一対一で商売の話をし、価格を決めたものです。店先に品物はなく、話をしながら奥から出してきます。そして、価格交渉が始まるわけです。このやり方ですと、ある人には100円で売り、別の人には120円で売ることもあり得ました。もし、120円で買った人が、100円で売られていたことを知ると、そうした慣例だと分かっていても、あまりいい気持ちがしなかったでしょう。

これでは、末長く取引を続けてもらえないのではないか、そんな気がしていたのです。逆の立場ならどうだろうと考えました。交渉によって自分より安く購入した人がいるということは、自分との付き合いを軽んじられたと感じるのではないか。そうなると、いずれ顧客も離れていってしまうでしょう。

そこで、品物には正札を付け、その価格で販売することを始めました。品物も店先に陳列します。これは誰にでも同じ価格で販売しますよ、という意思表示でもありました。これもまた信頼の向上につながったのではないかと思っています。

常に商売の原点に戻って、何が望まれているのか、何が必要とされているのかを考えつづけていました。世の中の変化を読み取り素早く対応していかなければ、取り残されていくことは明らかだったからです。

店舗用に大型銭湯を即金で購入

1950（昭和25）年、戦前から続いていた衣料統制が解除され、衣料品が自由に売買できるようになりました。これを機に仕入れも楽になりました。

ただ、自由に取引できるとなると、ライバルも増えてくることになります。むしろ、そうした追い風の時期こそ気を引き締めなくてはならないと感じていました。

1946（昭和21）年に猿猴橋町に店舗を設けてから、翌年にはその近くの20坪2階建ての店舗に移転。さらに49（昭和24）年には2度移転をして、53（昭和28）年には広島市松原

1953（昭和28）年ごろの山西商店

町に移ります。実に、7年間に4度も店舗を変えているのです。

これは、やはり現状に安住したくないという思いからのことでした。自分で自分を追い立て、商売に邁進したかったのです。

そのため、この移転の最中、1950（昭和25）年には衣類卸問屋の株式会社山西商店を設立しました。従業員は7人、資本金は100万円でした。

4度目に移った店舗は、広島駅のすぐ近く、市場のそばで、まさに一等地にありました。

そこはもともと銭湯でしたが建物は巨大で、広島で一番大きな風呂屋といわれていました。

当時、内風呂のある家は少なく、たいて

い銭湯に通っていました。ですから、この銭湯もかなり繁盛していたのです。

それでも、どういう理由かは分かりませんが、店を売ろうとしているという話が聞こえてきました。

すぐに見に行ったところ、立地や広さは申し分なく、ぜひここに店を構えたくなりました。

私はすぐさま銭湯の主人のところへ交渉に行きました。中村さんという方で、番台に座っていました。その頃、私はまだ20代ですから、中村さんの方がはるかに年上です。

「おっちゃん、この風呂屋売りたいって聞いたけど、ほんまかいな」

「ああ、ほんまや」

「売ってほしいんじゃが、なんぼや？」

中村さんは、私の姿をじろじろと眺めます。何しろ、仕入れや丁稚の給料にお金がかかり、自分の服装など構っていられません。汚いジャンパーに草履というスタイルで、それが当時の私のユニフォームのようなものでした。

「お前のような手合いに買える値段じゃないけ、帰れ帰れ」

けんもほろろ、というやつです。中村さんという人は、後から聞いたところによると、その界隈にたむろするやくざ者たちが風呂場で乱暴なことでもしようものなら、怒鳴りつけてつまみ出すような人だということでした。

かといって、私もそんなことぐらいでは、引き下がりません。

「おっちゃん、なんぼや。金額ぐらい教えてくれてもええじゃろ」

「しようがないな、１５００万円や。どや、驚いたやろ」

鼻で笑っています。

「よっしゃ、買《こ》うた！」

「はあ？」

驚いたのは、中村さんの方です。

「お前、１５００円やないで、１５００『万円』やで」

「分かっとるわい。現金でええんかい」

中村さん、口が開いたまま、私の顔を見つめていました。よほどびっくりしたのでしょう。

そのうち、「ははは」と大笑い。

「よっしゃ、売った」

１５００万円は、今の貨幣価値では3億円ほどになるでしょうか。もしかすると、もっと高額かもしれません。その金額を、私が値切りもせず、言い値で買うといったことで中村さんは驚いたそうです。

もちろん、私にしても興奮しています。そのような高い買い物は生まれて初めてのことでしたから。

それから3日間は、興奮のために夜も眠れない日が続きました。

ただ、この一等地に立つ銭湯を、値切りもせずに即決で購入したということは、すぐに広島の商売人たちの間で噂になりました。この評判は、私にとってさらなる追い風にもなってくれたのです。

決断の速さ、そして金払いのよさ、これが取引相手を信頼させ、そして安心させる秘訣です。私は、性格がせっかちなこともあり、計算せずにそうした対応をしてきました。

買い取った銭湯ですが、その後に改築を重ねて、随分と長い間、私の商売の拠点となってくれました。銭湯ですから、高い煙突が立っています。ここに大きく「洋品卸　山西商店」と書き込み、広告塔としました。周りに高層の建物がなかった時代には、広島駅からはもちろん、かなり遠くからでもこの塔が見えたものです。

仕入れ先から帰ってくるとき、広告塔が目に入ると、安らぎを覚えるようにもなりました。

なお、この「山西商店」草創期に、私は結婚をしています。

幼少時にはほとんど会ったことのない兄が大分県にいましたが、その兄から「一度、別府に来んか」と連絡がありました。

「紹介したい女性がおるんじゃ」

結婚など考えていなかったのですが、兄の頼みとあれば出向かないわけにはいきません。別府温泉に行き、そこでお見合いをしたのです。5歳下で、裕福な家庭に育った人でした。私とは釣り合わない気もしましたが、一目で気に入りました。

「よっしゃ、決めた」

翌日には先方に電話で返事をし、すぐに結婚式を挙げました。1953（昭和28）年のことでした。

新婚旅行もしましたが、行先は彼女の故郷である九州の熊本でした。水前寺公園を一緒に歩いたことが、今もいい思い出として残っています。

妻となった千栄子は、ヤミ市から身を起こした私を陰で懸命に支えつづけてくれました。従業員たちには母親のように接してくれ、誰からも慕われていました。

60年連れ添ったのち、千栄子は2013（平成25）年1月に亡くなりました。今は本当に感謝の思いしかありません。

千栄子夫人と

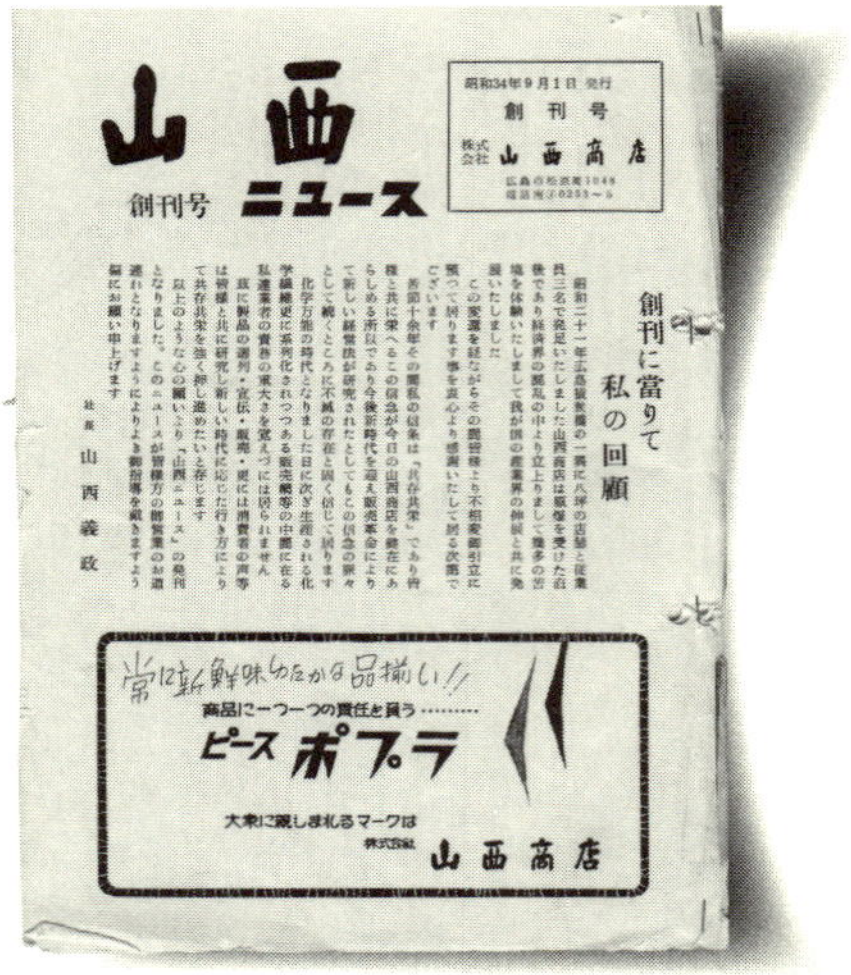

山西ニュース創刊号

自前のブランドを持ちたい
――「ポプラ」の誕生

株式会社にしたころから、私としては旧態依然とした問屋経営に疑問を感じていました。小売業とは違って、卸問屋は仕入れ以外にあまり動かないものでした。お客は向こうからやって来るもので、問屋はどんと構えていればいい、そんなイメージがありました。

これは、どのような業種の問屋でも同じでしょう。そのことが卸問屋を衰退させた原因のひとつではないかと思っています。

そんな疑問から、私は問屋であっても外販を試みるようにしました。営業に出るのです。それも広島県内だけではなく、中国地方全域、さらには福岡まで足を延ばしました。

小売業である顧客を開拓し、取引をスタートさせる。そして、できるだけ長い付き合いを続ける。問屋として生き延びていくには、この方法しかないと思いました。

取引先である小売業が順調に伸びていけば、私たちの店も伸びていく。彼らが落ち込めば、私たちも落ち込む。その意味では、小売業と問屋とは運命共同体のようなところがあります。ですから、小売業との連携を強めていこうと考えました。

そのために作ったのが、顧客に向けた広報誌とも言うべき「山西ニュース」という小冊子です。

創刊は1959(昭和34)年9月。創刊号の中で私は次のように書きました。

「苦節十余年その間私の信条は『共存共栄』であり皆様と共に栄えるこの信念が今日の山西商店を健在にあらしめる所以《ゆえん》であり(中略)販売網等の中間にある私たち業者の責務の重大さを覚えずにはいられません。ここに製品の選列・宣伝・販売・さらには消費者の声などは皆様と共に研究し、新しい時代に応じた行き方によりて共存共栄を強く推し進めたいと存じます」

ここに記した内容は、当時の私の嘘偽りのない気持ちです。

この毎月刊行される小冊子で、メーカーから得た新製品の情報、小売店の販売ノウハウの解説、消費者の動向に関する情報などを発信し、生産から卸問屋、小売への流れをスムーズ

につなげていこうと試みたわけです。
取り上げたのは決して借り物の知識ではありません。私たちが十数年かけて培った商品陳列のノウハウや店舗経営のための指針なども公開したのです。流行の兆しがある下着、流行りそうな色彩の予測、社会情勢と衣料品の売れ行きとの関連、衣料の素材の開発情報など、内容はとにかく多岐にわたっています。
また、取引先である小売店の店員を招いて、実際の販売技術を学ぶための場も提供しました。これは「山西店員学校」と名付け、小売業の最前線に立つ店員はどうあるべきか、どのように接客したらいいいかといったことを、講師を招いて指南する、というものです。隔月で開催し、好評を博し

黎明期を支えた山西商店の精鋭たち

ました。

こうした活動を重ねることで、小売店との密接なつながりを持つことができたのではないかと自負しています。

もちろん、自分の会社の人材集めにもこだわりました。もともと資本も歴史も何もない会社ですから、優秀な人材を入れることで、会社の質を高めるしかないと考えていたからです。それぞれの分野のエキスパートを、さまざまな業種の企業や官庁、自治体などから引き抜いていきました。

たとえば、広島国税局のエースといわれた者を経理部の幹部に、中国新聞のエース記者は広告部のコピーライターに、広島県庁の購買部を仕切っていた人物を仕入れ部の幹部として、そして防衛庁（当時）の重職にあった者を教育担当官に、という具合に、次々にヘッドハンティングしたのです。

引き抜きに当たっての判断基準は、「能力＋性格」です。仕事ができるかどうかはもちろんですが、それ以上に、何ごとにも真面目に真剣に取り組む人物かどうかを見極めて決めていました。

引き抜こうとしても、なかなか首を縦に振らない人もいました。しかし、私は惚れたら命がけです。自宅まで押しかけて直談判もしました。

一流の仕事人を集めることで、周りの人間も影響を受けます。そのことに期待しました。実際に、彼らが入ってくれたおかげで、一気に社員の質が高まったと思います。

ヘッドハンティングで入社した社員の中に、縫製工場を作った経験のある人もいました。彼を採用したことで、自前でブランドを立ち上げたいという以前から抱いていた思いが現実味を帯びていったのです。

問屋の役割は、衣料品に限っていえば、いろいろなメーカーの製品を扱い、それらを小売店に販売することです。メーカーと小売業のパイプ役といえるでしょう。

しかし、既存のメーカーが作った製品ばかりではなく、自分のところできちんと納得できる製品を作り、問屋としてそれを扱えるようになったらどうだろう――。実は以前からそのようなことを考えていました。

こうした考えを抱くようになった背景には、日本が高度経済成長期に入ったということもあるでしょう。

消費のあり方が大きく変わるなか、「山西ニュース」もそうですし、「山西店員学校」もそうですが、卸問屋という枠組みを少しずつ踏み抜きつつあったのも確かなのです。たとえば、その年の流行を察知して、それに合ったメーカーの製品を仕入れて取引先に提供する。それもまた大切な役割です。

山西商店の店内に積まれたポプラ製品

そこから、私たちはさらに踏み込んで、メーカーや小売店に対して新製品の提案を行ったりするようにもなったのです。

そして、１９６０（昭和35）年６月、いよいよ自前のブランドを立ち上げました。それが「ポプラ」です。

当初は山西商店の生産部が業務を担い、メリヤス・肌着、婦人服などの商品を製造し、世に送り出していきました。このときの広告の宣伝文句は、「常に新鮮味ゆたかな品揃い」「商品に一つ一つの責任を負う」というものでした。

ポプラは、デザインはもちろんのこと、品質においても既存のメーカーに負けないハイレベルの製品を生み出していき、瞬く間にトップシェアを取るまでに成長しました。

問屋から製造業へと事業内容を広げていったわけですが、次に目指すところは自ずと「小売」ということになります。

と言っても、私が始めたいと考えていたのは、昔ながらの小売店ではありませんでした。それは当時、まったく新しい業態としてアメリカから上陸しつつあった、セルフ型のスーパーマーケットだったのです。

第2章

小売の時代が来る！

日本が高度経済成長期を迎えると、流通業、小売業を取り巻く環境も大きく変化していきました。

私もまたそうした時代の流れに則して、経営者としてしっかりとした舵取りをしていかねばなりません。そのため、必死で勉強したのです。

たとえば当時、日本経営能率協会・中小企業診断協会会員だった相川勇雄先生には直接指導を請い、多くのことを教えていただきました。

相川先生は、これからは「ヤマカン」や「当て推量」の経営ではダメで、市場調査や人間工学に基づいた商品開発、店舗づくりを推し進める科学的経営が必要であると説かれていました。私だけでなく社員や取引先にもご指南いただき、「山西ニュース」では「近代社会の特質　科学の進歩」と題した読み物を連載していただきました。

そこで相川先生は、「生活習慣の変化に伴って衣食住の新しいものが登場しつつある」「交通機関・マスコミの発達により、吾々《われわれ》が住んでいる都市が変化しつつある」と予見しています。さらに、「商店経営も常に時代進歩のバスに乗りおくれないよう調査対策を怠ってはならない」と書かれています。

その後、相川先生には新入社員の前でも、貴重なお話をしていただきました。

ほかにも、日立製作所の社員教育に携わっていた滝水晋雄先生に社内で講義していただいたり、また、外部で開催されるセミナーや講演会などにも足を運んだりと、学ぶ機会をできるだけ多く得ようと努めてきました。

そうした中で、東京大学の林周二名誉教授があるセミナーでお話になったことが印象に残っています。林先生は、こういったことを話されたのです。

「五反百姓は成り立つけれど、小さな問屋は成り立たない」

つまり、農作物を作る農家ならば小さくても細々とやっていくことは可能だけれど、小さな問屋では生き残っていけないということです。こうした言葉を60年近く前に口にされていました。

この一言は、私の脳裏にしっかりと焼きつけられ、それが製造業、小売業に進出するきっかけの一つとなりました。

日本全国で地域ごとには繁栄を誇った問屋は、60年の間に次々と姿を消していきました。広島でも、私のところは早々とメーカーに変わったし、他の問屋も今では一軒も残っていません。

まさに林先生のおっしゃった通りの結果となりました。やはり林先生には先見の明があったということでしょう。

スーパー進出のきっかけとなった中村さんとの再会

私は、スーパーマーケットという業態がやがて日本でも流行るかもしれないと、かなり早くから感じていました。

東京に行ったときに、上野で赤札堂、紀ノ國屋といったスーパーの走りともいえるセルフサービス型の小売店を見学しました。同じようなスタイルの店は大阪にもあり、それがハトヤ、後のニチイでした。それらがスーパーマーケットらしき商売をしていたぐらいで、もちろん広島にはこうした本格的なスーパーは一軒もありませんでした。

一方、アメリカではスーパーマーケットがすでに隆盛を極めつつあり、私としては、「これからは小売の時代。しかも、セルフ型のスーパーマーケットが主流になる」との思いを抱くようになっていました。

そんなときに広島市堀川町の新天地を歩いていたら、大きな卓球場に出くわしました。そのあたりは繁華街です。人通りも多い。私は卓球もボウリングもしないので、「こんなところに卓球場開いて儲かるんかな」と覗いてみたのです。

すると、中に見たことのある男性がいます。

「誰じゃったかいな……」

よく見てみると、あの銭湯を私に売ってくれた中村さんだったのです。

「あ、中村さん。山西です」

「おお、元気やったか」

「はい。中村さんは、こんなところで何やっとるんですか」

「何やっとるって、この卓球場、わしがやっとるんじゃ」

「へえー」

場内を見回してみますと、そこそこ人は入っていますが、とても商売になっているようには思えません。繁華街ですから、外は人がたくさん行き来している。そこで卓球場というのは、ちょっとそぐわない気がしました。

「中村さん、この場所で卓球場なんてやっとるのはもったいないですよ」

「もったいないって、他にやることもないしな。卓球場なら、わしの手もかからんから、ええんじゃ」

「いや、これからはスーパーマーケットですわ。ここは場所もいいから、中村さん、スーパーをやりんさい」

そう勧めました。

「いやあ、わしは人を使うのが苦手なんじゃ。だから銭湯をやっとったし、今は卓球場をやっとる。そんなにいい商売なら、あんたがやれや」

そう言い出すのです。

「そんなこと言っても、わしは土地も持ってませんし、今は問屋で手いっぱいですわ」

「ほなら、この土地を無条件で貸したる。担保もいらない。やってみな」

一瞬、言葉に詰まりました。しかし、私はすぐにこう答えていたのです。

「ほんじゃあ、やってみようかね」

即決です。

後になってよくよく考えると、問屋業をやっていながらスーパーマーケットに乗り出すということは、お得意様である小売業をすべて敵に回すことになるわけです。

しかし、このときにはそんなことは深く考えませんでした。ひらめいて、それがいいとなると、すぐさま決める。そうやって動いてきたので、スーパーマーケットへと動き始めるときも、またそうだったわけです。

中村さんとの銭湯での出会い、卓球場での再会もそうですが、同じような「偶然」や「縁」から始まったことがたくさんあります。私の場合、緻密に計画を立てて乗り出す、というよりは、人との出会いや場所の発見などからスタートすることの方がはるかに多いようです。もちろん、そうした出会いを新しい事業や取り組みへとつなげるには、周到に準備を重ねておく必要があるわけですが。

「いづみ」1号店をオープン

とにかく、この新天地にスーパーマーケット1号店を作ろうと決めました。名称は「堀川店」です（後に「八丁堀店」と改称）。中国・四国地方では初の総合スーパーマーケットです。

このときに株式会社いづみを設立し、スーパーマーケットの店名を「いづみ」と付けました。水がこんこんと湧き出る「泉」をイメージしています。

店舗は、木造2階建て、売場面積は１６５坪。そこに従業員45人を配置することにしました。

現在の店舗構成の常識からは大きく外れているのですが、１階は衣料品売場、２階が食品売場になっています。その頃はうちの得意分野を1階に持っていきたいという野心がありましたし、実際に常識破りであっても、開店後に集客で支障をきたすことはありませんでした。

売場づくりに関しては、卸問屋でありメーカーでもありましたので、衣料品部門は問題なかったのですが、食料品に関してはまったく何も知らないに等しく、素人も同然でした。

そこで、開店当初は生鮮食品を扱わないことにしました。生鮮食品以外の食料品であればあまり知識は必要ありませんし、問屋からの仕入れで置くことができるからです。

オープンは、1961（昭和36）年11月3日に決まりました。

開店の前日、中国新聞夕刊に大々的に広告を出しました。そこで「セルフサービスで楽しいお買物！」と謳いました。セルフサービスでの買い物というのが、まだまだなじみの薄い時代です。そのことを強調しなければと考えたのです。

シャッターが開く前から、店の前には大勢のお客さんが集まってくれていました。その人数を見て、一安心したのを覚えています。

そして、その日は予想以上に大規模な集客を達成することができました。得意分野の衣料品のフロアも賑わいましたが、危惧していた食料品の方も多くのお客さんでごった返していました。

店内は歩くこともままならない状態となり、入場制限を行うほどでした。やむなく数回にわたってシャッターを下ろし、「店内満員　もうしばらくお待ち下さい」と書いた看板を急ごしらえで用意しました。

翌日の新聞には、「混雑のためお客様の御入店を数回にわたりお待ち願うなど、店員一同不

オープン当日の“第1号店”

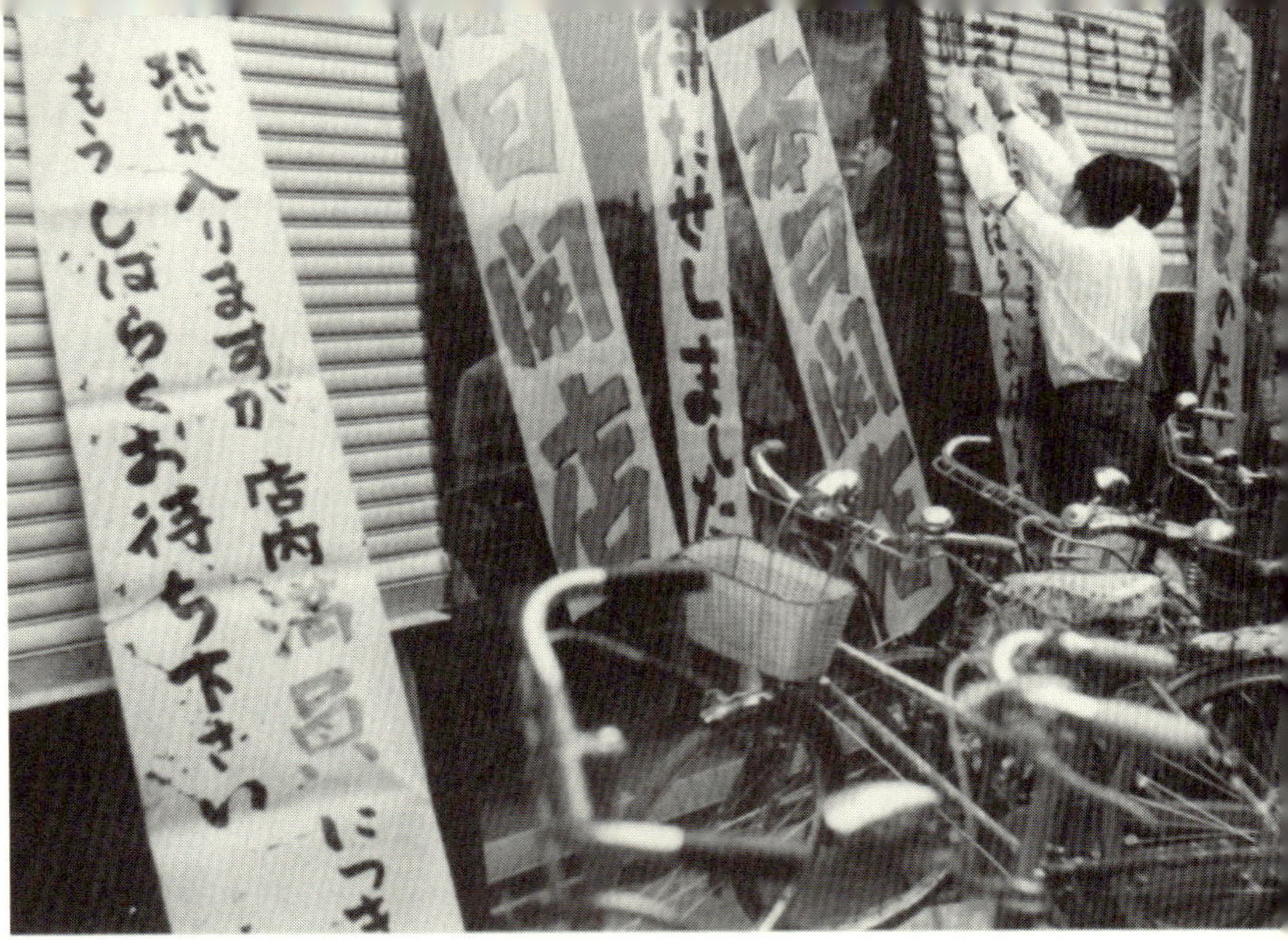

お客さんが殺到し、入場制限をせざるを得ない事態に

慣れなためお客様にご迷惑をおかけしましたこと心からお詫び申し上げます」と謝罪広告を掲載しました。

　こうして私たちのスーパーマーケット第1号店は、まずまず幸先のいいスタートを切ることができたのです。

渥美俊一氏に詰《なじ》られ、ペガサスクラブを退会

　ついにスーパーマーケットの経営に乗り出した私は、流通や小売についてもっと深く学ぶ必要を感じ、渥美俊一氏が主宰する「ペガサスクラブ」に参加することにしまし

た。

渥美俊一さんは、経営コンサルタントの先駆けともいうべき方です。読売新聞で経営技術の担当記者をしているうちに、経営技法に関心を持つようになり、1962（昭和37）年に経営研究団体「ペガサスクラブ」を設立します。渥美さんご自身は経営の経験はありませんでしたが、取材を通してアメリカの流通業の実態、日本の経営陣の未熟さなどを肌で感じとっていくことで、自分なりの経営観を持つようになったとのことです。

このペガサスクラブは、とくにチェーンストア経営を軸にして、日本の流通分野を改革しようという趣旨で作られた、いわば勉強会のようなものです。

ペガサスクラブの会員には、序章で触れたようにイトーヨーカ堂の伊藤雅俊さんをはじめ、ダイエーの中内功さんやイオンの岡田卓也さん、少し遅れて入会したニトリの似鳥昭雄さんなど、今から見ればそうそうたる顔触れが揃っていました。

設立後数年で会員企業が1000社を超えたといいますから、その影響力は凄かったのでしょう。

毎年、会員有志でアメリカへ赴き、現地での視察も行っていました。ここで大規模スーパーマーケットやチェーンストアの実態を見て、大いに触発された経営者も多かったのではないでしょうか。

私ももちろん、その一人でした。

ただ、私は渥美門下としては、あまり出来のいい生徒ではありませんでした。あることをきっかけに、途中でペガサスクラブを辞めることになったからです。

それは、箱根で行われたクラブの合宿に参加したときのことでした。

ある講義で渥美さんから「こんな厳しい時期にスーパーやりながら問屋をやり、しかもファッションビジネスまでやっているバカがいる」と指摘されたのです。名指しはしませんでしたが、明らかに私のことを指しての発言でした。

大勢の参加者の前で痛罵された私は、心の中で「こんちくしょう、何言ってやがる」と思いました。

合宿では、ベスト電器の創業者の方、それと西友の堤清二さんの東京大学時代の友人で上野光平さんという方と相部屋でした。

渥美さんに「バカ」と言われたことが、相当癪《しゃく》に障っていました。そもそも、ペガサスクラブにはそれなりの会費を払っていたわけです。

「こっちはお金を払って勉強に来ているのに、人のことをバカじゃ言うて」

そんな思いが強くありました。

夜、部屋に戻っても、気分は悶々としています。そこで上野さんに尋ねました。

「上野さん、あんた東大出てるから聞くんやけど、渥美さんのあんな話聞いとって、経営に役立つのかね」

するど、上野さんはこう答えました。

「山西さん、それは聞いて勉強になる人もおれば、ダメになる人もいる。結局のところ、いくら渥美さんの話を聞いても、どう実行するか、本人次第じゃないですか」

それを聞いて、私は決心しました。

「よっしゃ、もうワシは渥美さんのとこ、辞めますわ」

それきり、もうペガサスクラブには顔を出さないようになりました。

ところが、やはり渥美さんの指摘は正しかったようです。3つの事業を掛け持ちしていた私は、最終的に小売業のいづみに専念することになったわけですから。

渥美門下生としては、似鳥さんが最も真面目な生徒だったでしょう。私と同じように渥美さんから厳しい言葉で詰られながら、それでもぐっと堪えて勉強を続けられました。それが現在のニトリの隆盛につながっているのだと思います。

渥美さんの教えに忠実たらんとしたか、それとも途中で投げ出してしまったかの違いが、営業利益352億円のイズミと1007億円儲けるニトリとの差になっているように思います。

似鳥さんは、自社の経営に関する数字が頭に入っていないために、渥美さんに叱られまくったというエピソードを語っています。会話の途中でも、数字を答えられないと、渥美さんは面談を打ち切ってしまったそうです。

それでも似鳥さんはへこたれず渥美さんに食らいつき、その教えを血肉にしていきました。その姿勢は、本当に素晴らしい。せっかちで先を急ぎ過ぎる私などは、いつも見習いたいと思っているのです。

渥美俊一さんは2010（平成22）年に亡くなります。経営コンサルタントの草分けであり、現在、日本経済を支える主要チェーンストアの〝育ての親〟といっても過言ではないでしょう。

増築に次ぐ増築で拡大路線へ

1号店オープンが成功した翌年の8月、この八丁堀店を増改築しました。2階建てから4階建てに増築し、売場面積は一挙に2倍近くの300坪となりました。1年も経たずに拡大することになったわけです。

増改築した理由の第一は、お客さんの数がどんどん増え続けたことです。さらに、お客さ

オープンの翌年には4階建てに増築

1965（昭和40）年の大増築で売場面積は1200坪に拡大

んの動線が気になったということもありました。正面からしか入ってこられなかったのですが、それを反対側からも入れるようにしたかったし、繁華街の中央通りからも入れるようにしたい。そんなことを考えていったのです。

期待に応えるのが商売人としての使命だと思っていましたので、必要と感じてすぐに増築に着手しました。増築はその翌年、翌々年と続けていき、結局、１９６５（昭和40）年までに4回行い、その5年後の70（昭和45）年にも行いました。

翌年11月には「いづみ本通店」をオープンしました。こちらは１３０坪です。

そして、1号店オープンの2年後の１９６３（昭和38）年４月には「ブルーサービスデー」も始めました。「泉の水」の青と水曜日とをかけて、毎週水曜日を売り出し日としました。

欲しい物が欲しいときにある。スーパーマーケットの使命に忠実でありたい。お客さんの期待に応えていきたい。そのためのイベントでもありました。

新聞の折り込みチラシには「強烈！新価格　大提供」「本日限り！」などの文字が躍っています。そして、肌着から日用雑貨、食品に至るまで、普段よりも格安の思い切った価格設定にしました。今でこそ、こうしたチラシは珍しくありませんが、当時はあまりなかったスタイルでした。

ブルーサービスデーのチラシ

水曜日になりますと、朝早くに店舗の屋上から「ブルーサービスデー」と大書された大きな懸垂幕を掛け、店内の通路にもPOPを設置していきます。

開店前から入り口には長蛇の列ができています。

開店すると、お客さんが一斉に店内に押しかけます。まさになだれ込んでくるという感じです。そして、お目当ての商品売場に直行します。人気はやはり衣料品でした。目玉として大量に積まれた商品は、すぐに売り切れてしまいます。

補充できる物は急いで補充しますが、その補充している最中にも商品の取り合いが起きていました。

この水曜日の賑わいを見て、真剣にお客さんの期待に応えようとすれば、必ずお客さんも喜んでくれるものだと実感しました。

期待に違わない商品をできるだけ安く並べること、それが私たちの使命だと思いました。そのために全国を飛び回って商品を探し出し、店舗内での陳列にも気を配り、ひたすら喜んでいただける努力と工夫を重ねていったのです。

この年の5月には、さらなる飛躍を期して、資本金を2000万円から3000万円に増資しました。

私を含めて、いづみは後退することなく、このまま成長軌道に乗れるだろうという気運が高まっていました。

そして、6月には大阪進出を図ったのです。

早期撤退に終わった大阪進出

大阪での出店を決めた背景には、ある人の助言もありました。大阪の問屋の主人で、私の尊敬する方でした。その方が、「いづみ八丁堀店」の成功を見て、こう話してくれました。

「山西はん、やっぱり商売は人の多いところでせにゃ、うまくいきまへんで」

「広島じゃ、ダメですか？」

「広島もええけど、大阪の方がもっと人が集まっとるからな」

そうか、やはり人の集まるところでやるべきだな——。

またまた、即決です。大阪に進出しようと、すぐに土地を探しました。

大阪市東住吉区の商店街に空いた店があり、スペースも広かったため、そこに「いづみ大阪店」をオープンさせたのです。最寄り駅は南田辺駅。

オープンに際して新聞に掲載した求人広告では、大きく「いづみが大阪に出ます！」とタイトルを打ち、「業界注目の的となっているいづみは、まだまだ成長して、もっとたくさんの人に喜んでいただきたいと思います。青雲の志を抱く方は何県の方でも結構です。この機会にどしどしご応募ください」と謳って人を集め、80人もの従業員を採用しました。まさに鳴

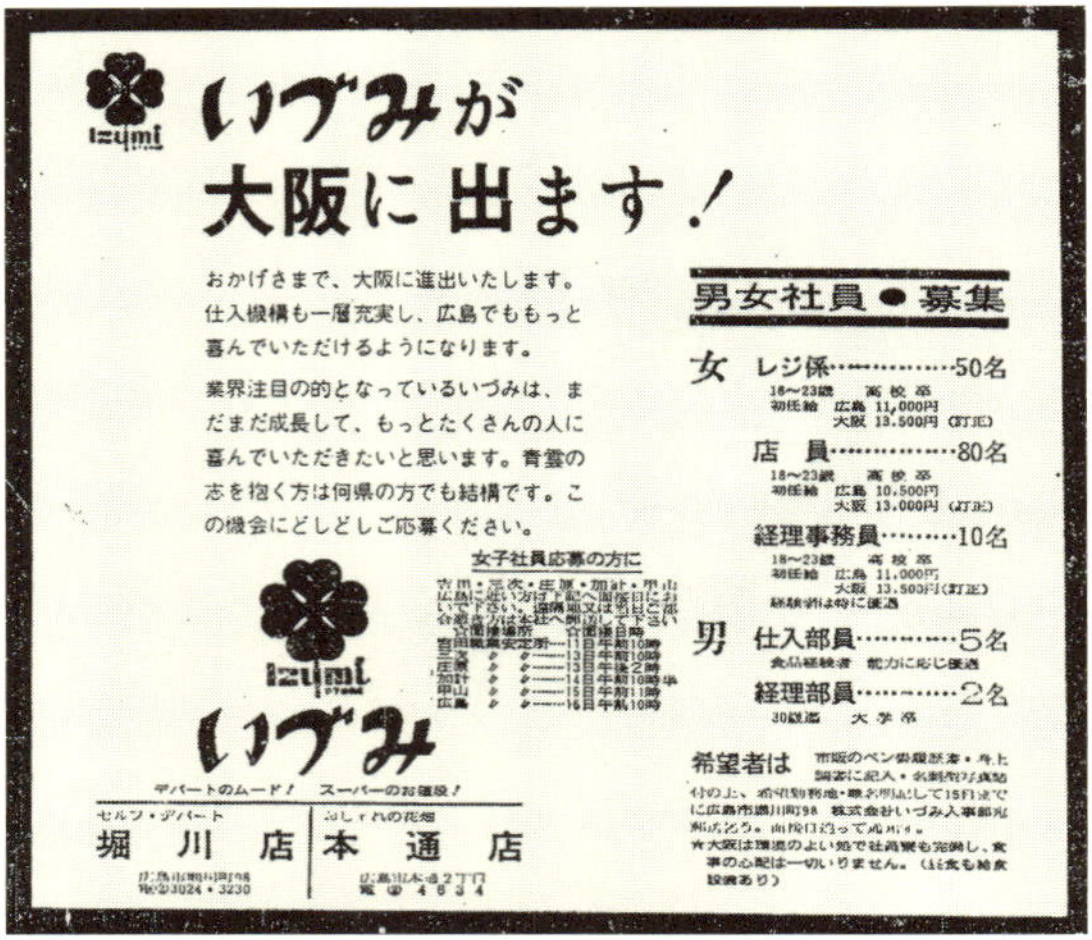

大阪出店時の求人広告

り物入りの大阪進出でした。

人がたくさん集まる町で、1号店で得たノウハウをさらに生かせば、もっと多くの集客が望めるはず。私はそう考えていました。

ところが……この大阪店は大失敗に終わったのです。

最初こそは、それなりにお客さまが来てくれましたが、どんどん減っていきます。そしてすぐさま赤字に転落し、その状態が数カ月も続きました。

「これは撤退せんといけんな」

周囲の者に、そう話しました。

「もう少し頑張ったらどないですか」

そういう意見もありましたが、引くべきときは素早く引くのが傷を浅くする秘訣だ

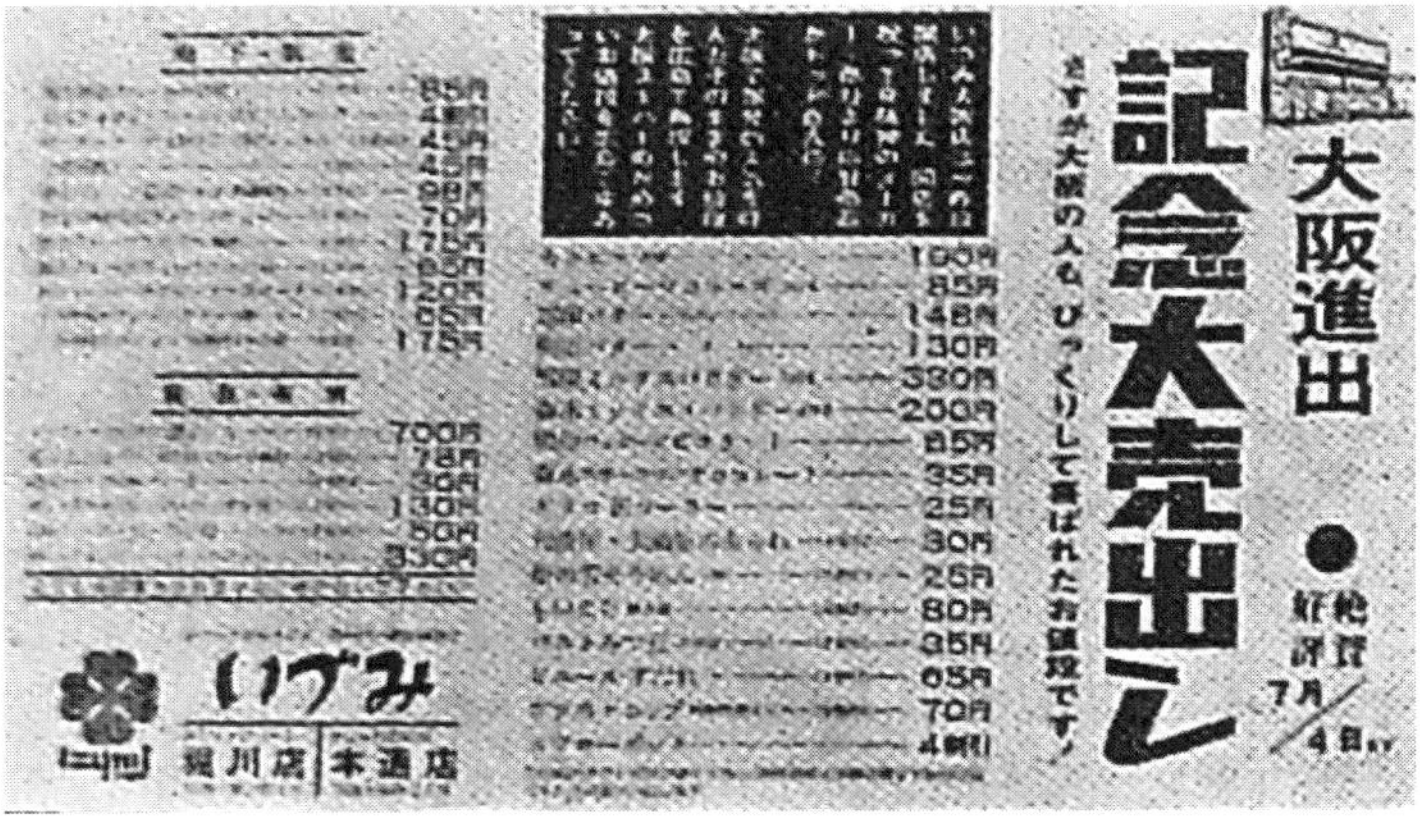

大阪店オープンを記念して広島でもセールを打った

と思っていましたので、撤退を決断すると、すぐに閉店の支度にとりかかりました。

結局、大阪で営業したのは半年ほどでした。

現地で採用した従業員は全員解雇しなくてはなりません。広島から送り込んだ人間も、とって返すことになりました。みんな、船出のときには意気揚々としていて、希望に燃えていたのに、半年後には背中を丸めて退散することになったのです。

残務整理も終わり、いよいよ大阪を離れようかというときに社員全員を集め、すき焼きでお別れ会を催しました。私の判断の誤りで多くの人に迷惑をかけたこと、本当ならきちんと謝りたかったのですが、自分の不甲斐なさが悔しくて悔しくて涙が溢れてしまい、言葉が出てきませんでした。

ただ、このときの思いはずっと忘れないようにしようと誓ったのです。今、こうして思い返しても、あのお別れ会の情景を思い出します。

それが、私の次の歩みの原動力になってくれました。

「桂馬の高跳びは歩の餌食《えじき》」

大阪出店が失敗に終わった理由はいくつかありますが、最も大きいと思われるのは、本社がある広島から汽車で10時間もかかる場所に出店してしまったということです。今なら、新幹線、飛行機を含めてさまざまな交通手段があり、どこの店にもこれほど時間をかけずに足を運べますが、この時代には大阪であっても10時間かかっていたのです。

すると、どうなるか。

やはり、目が行き届かなくなるのです。店長には優秀な者を置きましたが、私自身は頻繁に訪れることができません。それでは現場の従業員と意思の疎通ができるはずもありませんでした。

諺に「桂馬の高跳びは歩の餌食」というものがあります。将棋の桂馬は、他の駒を飛び越して前に進めるけれど、調子に乗って前へ前へと進んでしまうと、簡単に歩にやられてしまうということです。

足元を固めてから踏み出さなければ、本当に「歩の餌食」になってしまうでしょう。いづみの大阪店が格好の例です。

そして、いづみの3店目といっても、スーパーマーケットを始めて、まだ3年しか経っていなかったのです。私もまだまだ模索をしながら店づくりをしている段階です。1号店にしても毎年増改築して、お客さんの満足を少しでも高めようと努めていました。

そして、大阪のように人が多く集まるということは、それだけ目の肥えたお客さんが多いということです。そのこともまた、きちんと理解すべきでした。大阪には商品知識のあるお客さんが多い。それに応えられる品揃え、そして従業員を置かなくてはならなかったのです。

従業員の教育も、まだまだ十分ではありませんでした。心のどこかで、開店してからでも遅くないと思っていたのかもしれません。これは従業員の責任などではなく、そんなスタンスで出店を決めた私の責任なのです。

八丁堀店の成功で慢心していたとは思いませんが、身の丈を超えた出店だったことは否めません。

このときの失敗は、しっかりと肝に銘じました。もちろん、これ以降も小さな失敗はいくつも犯してきましたが、会社全体として赤字に転落したことは一度もないのです。

好調なときこそ、気を引き締めねばなりません。好調は過信を生み出し、努力することを怠らせます。今、好調なのは3年前、5年前に努力して、さまざまなことを積み重ねたからなのです。そのことを忘れて、目の前の成功を取りにいこうとすれば、手ひどいしっぺ返しを食らうこともあるでしょう。

ただ、負け惜しみではありませんが、若いころの失敗は本当の失敗ではありません。やり直しも利きますし、学ぶことの方が多い。むしろ、最近ではこうした元気のいい失敗をしなくなったことを少々残念に感じています。

大阪進出の失敗は、後のイズミにとって非常に大きな力となりました。たとえば、最も世の中が浮かれていた、あのバブル景気の時代、決して出店ペースを急ぐことはなく、それまでと同様に年間に1店から3店ほどのペースで開店させていきました。あの頃の私たちの体力はその程度のものだという判断があったからです。

むしろ、バブルが弾けた後、体力がついたと思い、出店ペースを年間7店ほどに増やしました。

世の中の趨勢に躍らされることなく、自分の身の丈を冷静に測っていく。そのことがしっかりと身についたようでした。

「ドミナント戦略」でさらなる飛躍を目指す

身の丈に合った経営を心がけるとともに、私は「ドミナント戦略」を店舗展開のベースに置くことにしました。

ドミナント戦略とは、特定の地域で集中的に店舗展開を行い、その地域で高シェアを獲得する戦略のことをいいます。要は、先に挙げた「桂馬の高跳び」のような、やみくもにエリアを広げる出店方法はとらないということです。

周りの者にも「足元を固めにゃいけん」と言い続けました。それは、同時に私自身にも言い聞かせていたのです。

まずは、広島を軸にして、呉に出る、岡山に出る、岩国に出る、福山に出る、そうして中国地方一帯を少しずつ固めていきました。中心はあくまで広島県です。

同時に、1号店の拡充を続けていきました。ドミナント戦略とともに地域一番店を目指す。そのために、隣接する土地を買収して広げていったのです。

小さくてもいいから、他の土地に店をたくさん作っていった方がいいという意見もありました。ただ、私は1号店にこだわりました。

1号店は、まず、2階建てから4階建てへと増築をしました。これで売場面積が2倍近くになりました。次に、横の土地を取得し広げました。こちらは地下1階、地上4階です。これで売場面積はさらに2倍以上になりました。3度目の増築は、裏通り側の土地取得による反対側への拡張です。これで表通りから裏通りへと抜けられるようになりました。4回目の増築は、すぐその横に広げました。これで、八丁堀の一つの区画の大部分はいづみが占めることになったのです。

しかし、中央通りに面した角地が、まだ残っていました。広い土地です。ここはアサヒビールのビア・ガーデンの土地だったのです。古い写真を見ますと、いづみの建物に囲まれて、「アサヒビール」の看板が見えます。

この土地が何としても欲しいと思いました。ここに増築すると、中央通りに面した間口がより広くなり、入店しやすくなるのです。

ところが、ここは天下のアサヒビールさんの持ち物です。

何とか交渉できないか――。とりあえず打診してみることにしました。

「アサヒ・ビアガーデンの土地を譲ってもらえませんか」

丁重に申し入れましたが、アサヒビール側の回答はけんもほろろです。相手にしてもらえません。

それはそうでしょう。この一角は、広島でも超一等地なのです。ここならどのような商売をしても成功するといわれていました。アサヒビールが簡単に手放すわけがありません。

私は、社員たちにも相談しました。

「諦めて、別の土地を探したらどないですか」

「ダメダメ。ここにビルを増築することで、いづみの地域一番店は揺るぎないものになる。ここは絶対に譲れん」

私は何度か東京のアサヒビール本社を訪ねました。当時の社長は「ビール王」といわれた山本爲三郎さんです。

その「ビール王」が地方のスーパーの社長に会ってくれるはずがありません。それに、当時の山本さんは60代後半、私は40代前半です。30歳近く年が離れていては、大人と子どもぐらいの違いがあったのでしょう。こちらの申し出を社員がただ聞くだけです。交渉したい相手は柵でガードされていて目通りが叶わないという状況で、「埒《らち》が明かない」というのはまさにこのことを言うのだなと思いました。

執念でアサヒビールから土地を取得

しかし、何度目かの訪問で、さすがに根負けしたのか、やっと山本社長との面談が叶いました。ここで怖じ気づいてなどいられません。

私は単刀直入に切り出しました。

「広島の、あの土地を売ってもらえませんか?」

山本社長は表情も変えず、こう返事をしたのです。

「いいですよ。ただし条件があります」

「何でしょう?」

「あの土地より、少しでも大きく、立地条件のいい土地を用意してくだされば、すぐにでもお譲りします」

何のことはない、体よく断るつもりだったようです。いくら私がしつこいといっても、無理難題を吹っかければ諦めるだろうと思ったのかもしれません。

部下たちは私に「断られたも同然ですね」「これで諦めもつきましたね」と言いました。しかし私は、語気荒く言い返しました。

「そんなことはないで。可能性はゼロパーセントではない。すぐに広島市中の土地の情報を集めろ！」

ここで諦めては今後、他の困難に直面した際に、同じように諦めてしまう「諦めグセ」がついてしまうように思ったのです。精いっぱいのチャレンジをしてから諦めたところで遅くはない。そう思いました。

何しろ「ビール王」に会うこともできず、埒が明かなかったころに比べたら、確実に一歩前進できたのですから。社員たちもそんな私の意気込みに共感し、一丸となって土地探しをしてくれました。

「社長、ありましたよ！」

ある日、一人の社員が、ついに山本さんが出した条件に合致する土地を見つけてきたのです。八丁堀店からほど近い距離にあり、角地よりもほんの少しだけ広く、そして人が集まるような場所です。

私は早速その土地を押さえて、土地に関する資料を持ってアサヒビールに乗り込みました。

「どうです、ここでは。ご要望通りやと思いますけど」

山本さんは、「うーん」と唸ったきり、渋い表情です。とはいっても、自分から言い出した条件ですから呑まないわけにはいかない。

1970（昭和45）年、アサヒビアガーデンの土地を取得
念願かなってグランドオープンを果たす

「分かりました、お譲りしましょう」

「ありがとうございます」

この角地での増改築は1970（昭和45）年に完成しました。4回目の増築から、実に4年半ぶりのことです。それまでが、ほぼ1年ごとに増築してきたことを思うと、どれだけ難しい案件だったかが分かります。

ただ、このときに痛感したのは、「念ずれば実現する」ということでした。「念ずる」思いが強ければ強いほど、実現の可能性も高くなる。

そのことに間違いはないと実感できたのです。

イズミにとってこの1号店の拡充は非常に重要な施策だったと、私は最近になって認識を新たにしています。

というのは、この店はのちに専門店をテナントとして入れるビルへと改装したのですが、まずは大手家電量販店が借りてくれ、その後も現在まで別の大手量販店が使ってくれているのです。

1号店の竣工が1961（昭和36）年ですから、実に60年近くにわたって、現役の商業ビルとして命脈を保っていることになります。

他社の同じような大型店舗では、イトーヨーカドーさんの1号店もダイエーさんの1号店も、今では存在していません。どこの店舗も1号店は小さな建物から始めているからで、私のところは増築に増築を重ねて大きくしていったために、現在も借り手がついているというわけです。

店舗一つ一つが種子だとすると、大事に育て上げることでいつまでも果実を実らせるのです。それを「もう育ったから、ええやろ」と手を抜いて放っておくと、果実も実らなくなります。

1号店は、そのいい例だろうと思います。

開店日に5万人を集めた広島駅前店

ドミナント戦略を進めていくには、会社そのものの体力も強化していかねばなりません。そのため、いろいろな手を打ちました。

とくに、1963（昭和38）年にはいくつもの改革を行っています。ファッションメーカーとして生産部門を担っていた「ポプラ」を株式会社として分離独立させました。本体であった「山西商店」の方も「ヤマニシ」と社名変更をしています。これによって生産は「ポプラ」、

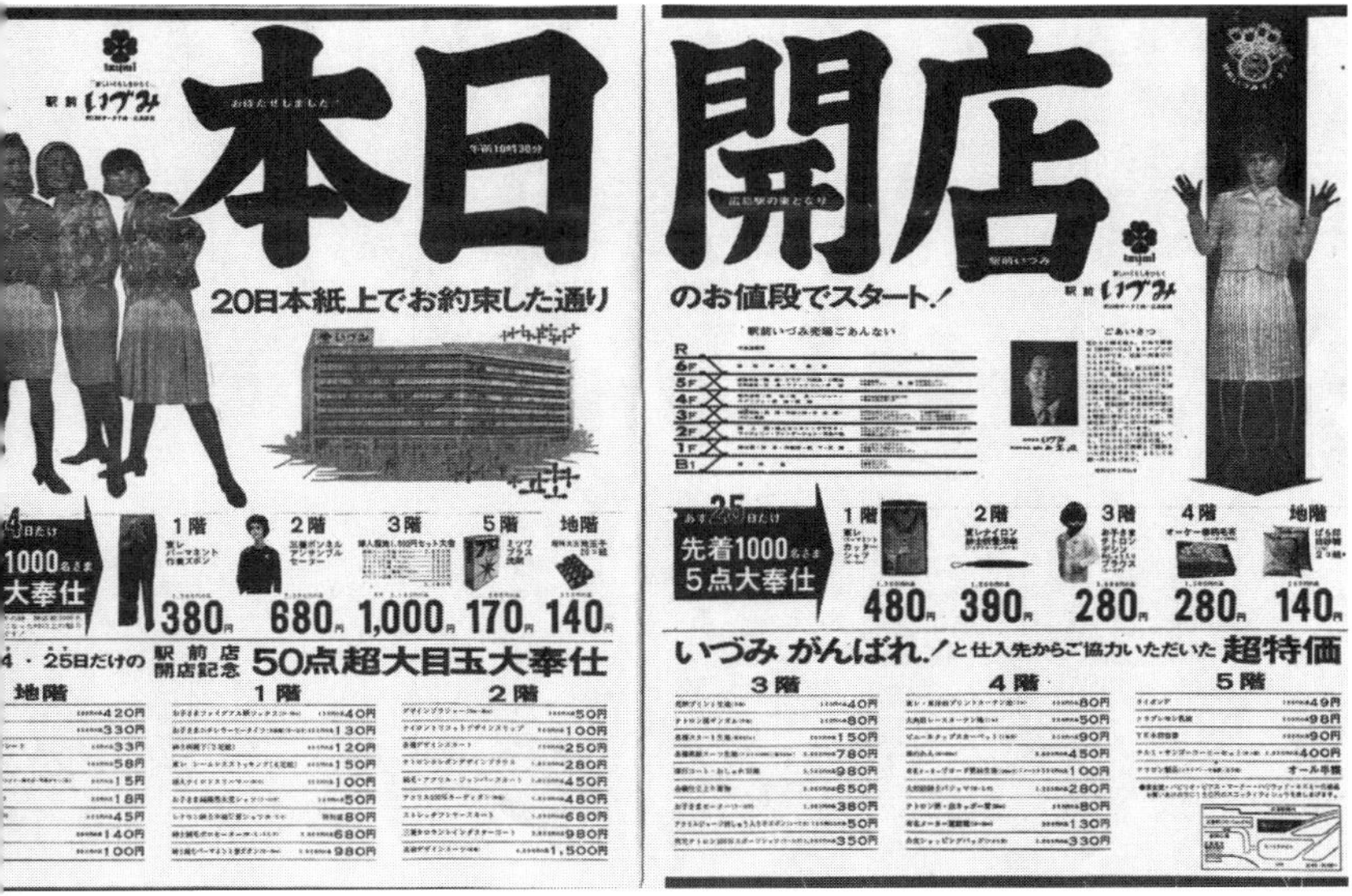

広島駅前店オープン当日の新聞見開き全面広告

卸については「ヤマニシ」、そして小売は「いづみ」という3社共同の「より良い物を、より安く」販売する体制を作り上げました。

さらにその翌年（昭和39年）には、ポプラの新社屋や本社工場を作り、ヤマニシのビルも新たに建設しました。猿猴川《えんこうがわ》沿いに建った地下1階、地上5階という豪華なビルです。ここが、私の目指していた商売の発信基地となっていったのです。

足元を固め、広島の地に根を下ろしていくこと、それだけを考えて邁進《まいしん》していきました。

1号店の最後となる増築の3年前、1967（昭和42）年に、ドミナント戦略のさらなる飛躍を期して、3号店となる「広島駅前店」をオープンしました。「地域一番店」となるため、足元である広島市での独走体制を確固としたものにすることが大切だと考えてのことでした。

場所は広島駅の南隣。かつてヤミ市があったあたりです。

そこは、私の商売の原点であり、さまざまなチャレンジを繰り返した場所でもあります。その場所に店舗を作るということは、初心を忘れないためにも大事なことだったのです。

地下1階、地上6階、売場面積は1020坪にも及びます。航空写真で見ると、駅舎が小さく見えるほど、当時としてはひときわ高い建物です。

この店舗については、開店5日前から新聞で告知を始め、3月24日のオープン当日には新聞の見開き2ページを使った広告も掲載しています。そこでは2日間にわたる開店記念セールを告知し、超特価の商品ばかりを並べました。

これでお客さんが来なければ私にはもうなす術がない、そう言い切れるほど打てる手はすべて打ったつもりでした。

蓋を開けてみますと、オープン当日は道を埋め尽くす大行列です。店の入り口から隣の駅舎を越えてロータリーを抜け、さらには荒神陸橋に向けて行列が続いています。店の前でも整理券が配られ、入場制限が行われる始末でした。

古い写真に、オープン直後の入り口付近を上方から写したものがありますが、本当に人、人、人です。よく元日のテレビ番組で、大きな神社の初詣風景を映しますが、あのようなイメージです。

よく、これだけのお客さんが来てくださった、そのことへの感謝の念でいっぱいになったものです。

この日の来店客数は、何と5万人に上りました。

広島駅のすぐそばに「いづみ」がある。そのことは広く知られるようになりましたし、その後も多くのお客さんが買い物をしてくださるようになりました。

ここでも水曜日にはブルーサービスデーを催しています。破格の安値で商品を提供することの催しは、1号店と同様に店の目玉となりました。

さて、ここからいづみのドミナント戦略は、瀬戸内へと広がっていきます。ようやく体力がついてきたと実感できる段階まできたので、広島から少しずつ外へと向かうようになったわけです。

中国・四国に向けての出店は、四国の松山（1968年）を皮切りに、岡山（1969年）、呉（1970年）、岩国（1974年）へと続いていきます。

すべてを地域一番店としなくては、広げていく意味もありません。そのためには、その地域のことを知り、どの場所で、どのような店が必要とされているかを考え抜かないといけません。

そのためには、足元を見つめながら歩くのが最も確実だと、これらの店舗展開をしつつ確信していきました。足元を見て、新たな店舗を作ると、さらにその土地のことが分かってきます。すると、そこから新しい発想が生まれてくるのです。

あの大阪進出の失敗は、本当にたくさんの教訓を与えてくれましたし、私の商売の指針を作り出してくれました。今では、あの失敗に感謝しているのです。


「地域一番店」というのは、その土地の一番いい場所に、一番大きな店を作ることです。ただ、「いい場所」というのは、一定ではありません。

いづみでいうと、初めは繁華街に建てていきました。次は、駅前に作りました。いずれも、足を運びやすく、荷物を持って帰宅しやすい場所です。こうした場所は、その地域では今でも「いい場所」であるのでしょう。

しかし、時代とともに、また地域によっては「いい場所」も変わっていきます。たとえば、郊外に広がっていく住宅地を対象とした場合です。

戦後、モータリゼーションが進んだことで、とくに地方では、どこの家でも車を所有するようになりました。すると、車で乗り入れて買い物ができるところが、そうした地域に暮らす人たちにとっての「いい場所」になってきます。

ここでまた新たな「地域一番店」を作り出す、発想の転換が必要になってくるのです。

第3章

「革新」の作法

——変化を捉え、機を逃さず

1950年代、テレビ、冷蔵庫、洗濯機が「三種の神器」といわれた時代がありました。どこの家庭でも、それらの家電を手に入れたくて、必死になって働いたものです。ある年齢以上の人たちは、テレビが、冷蔵庫が、洗濯機が家に来たときのことをはっきりと覚えているでしょう。それだけインパクトがあったのです。

それらが、今では「あって当たり前」の家電となり、テレビなどは携帯しているスマートフォンでも見られる時代です。

同じように、自動車もまた多くの家庭にとっては高嶺の花でした。たいていはレジャーに使われていましたが、やがては主婦にとっても移動のための足となっていったのです。

家電製品や自動車が各家庭に行き渡っていき、一家に1台ではなく一人に1台と変わっていったのが、高度経済成長期だったといえます。

こうした変化は、今度は日本人の生活スタイル、住環境などを変えていきます。

それまでのスーパーマーケットは繁華街や駅前に建てることで、集客を期待していました。実際に、そうした場所に人は集まり、買い物をして帰っていったのです。

ところが、とくに自動車が普及し、住宅も家電などが入りやすい広いスペースを望むようになりますと、郊外へ郊外へと移り住むようになっていきます。自動車さえあれば、町の中心地まで出るのはたやすいことですし、電車やバスを利用するよりも楽なのです。やがては一家の働き手だけでなく、家事にいそしむ主婦も高齢者も車を運転するようになっていきます。

こうした流れについて、私はかなり早い段階で気づきました。何も先見の明があったというのではなく、各地を回っていて、ベッドタウンの広がりに驚いたからでした。そこに住む人たちの話を聞いてみると、どこへ行くのも車を利用しています。買い物にも車で行くという人がすでにたくさんいました。

そこで思い浮かんだのが、「都心部型から郊外型への転換」という考え方です。これは、ただ町中にあったスーパーマーケットを郊外に持ってきて、駐車場を広くとればいい、ということにとどまりません。生活スタイルそのものの変化を視野に入れ、店舗の作り、スペース、並べる商品にまで気を配っていかねばならないということです。そうでなければ、新しい時代の生活者のニーズを捉えそこなうことになると思いました。

そうならないため、しっかりとリサーチを行い、いづみ独自の店づくりをしなくてはなりません。店舗を出すまでには土地の選定から建築などに至るまで3年から5年ほどかかります。「今の流れ」ではなく、「数年先の流れ」を読まなくてはなりません。数年先、日本は、中国地方は、広島はどうなっているのか。人々の暮らしはどうなっているのか。それを考えながら、次の出店を考えるべきなのです。

そこで目をつけたのが、広島市のベッドタウンとして膨らみつつあった祇園町（広島県安佐郡祇園町、現在は広島市安佐南区）でした。

何とかこの地に新しいタイプの店を出してみたい、と私は強く願うようになりました。

初の郊外型店舗を祇園町に出店

ある日のこと。祇園町に広い土地を持っている人がいて、そこを貸してもいいと言っている、という話を耳にしました。

そこで、私自身が出向くことにしました。話があるとなれば、善は急げ、です。

当時の祇園町は、一面の畑です。家はぽつんぽつんと建っているだけでした。

ダイコンを抜いているご夫婦がいたので、話しかけてみました。

「おっちゃん、ここいらで広い土地を貸す、いう人がおるらしいんじゃけど、知らんかね」

すると、その「おっちゃん」が答えます。

「わしじゃ」

偶然のこととはいえ、縁を感じました。そして、この話はうまくいくだろうという予感もありました。

「おっちゃん、その土地はどこや？」

「ここじゃ」

おっちゃん、立っている地面を指します。

見渡したところ、その畑の区画は３００坪ほどです。この程度では、私の理想とする郊外店には狭過ぎました。

そう話したところ、おっちゃんは「なんぼぐらい、いるんじゃ？」と尋ねてきます。

「広いほどええけど、この10倍ぐらいかな」

「それなら、わしがほかの連中にも電話したる」

結局、このおっちゃんが中心になって周りの地権者に話をして、取りまとめてくれたのです。

〝おっちゃん〟は小崎さんという方で、後になって「どうして、こちらの話に乗ってくれたんですか？」と聞いてみました。すると、小崎さんは、若いときにアメリカで暮らしたことがあり、アメリカのスーパーマーケットの事情などもよく知っていて、これから日本でもアメリカのようにスーパーが郊外へと広がっていくだろうと予想していたというのです。もしそうなったら、自分の土地も活用してもらいたいと考えていたそうです。

そこに私が訪ねてきたものだから、話はとんとん拍子に進んだわけです。

もう一つ、理由としては、小崎さんと私は同い年でした。大正11年の戌年です。同じ時代に苦労してきて、お互い通じ合うところがあったのでしょう。

最終的には4000坪ほどの土地を借りることができました。そこにA棟、B棟、C棟の3棟を建てて、500台の自動車を停められる大駐車場も設置できました。

当時、これほどの規模の郊外店は中国地方、四国地方、九州地方には一つもありませんでした。

とくに、建物以上に駐車場が人々を驚かせたようです。誰もがマイカーに乗るようになると、駐車場が武器になります。その読みはみごとに当たりました。

駐車場に停められる自動車の台数は、広さに比例します。多くの自動車を停めるにはどうしても広大な面積の駐車場が必要になります。駐車場が広ければ、店舗の方もそれなりの大きさを確保しなくてはなりません。

こうして、さまざまな要素をイメージしながら出店計画を立てていくことになりました。

なお、この祇園店では、建設の途中で大きな決断をすることになりました。それは、「やること」ではなく「やらないこと」の決断でした。

ブーム終焉を予感しボウリング場は中止に

1970（昭和45）年ごろ、日本には空前のボウリングブームが到来していました。テレビでもボウリング番組がいくつも放送されていましたし、そうした番組で人気の出た男性、女性のプロボウラーたちは時代の寵児《ちょうじ》となっていたのです。どちらかというと女性のプロボウラーの方が騒がれていましたが。

各地のボウリング場では、1時間待ち、2時間待ちが当たり前でした。それだけ待たなくてはゲームができなかったのです。私の友人の一人も、広島市内にボウリング場を5つも6つも作り、大儲けしていました。

その友人からも「山西、ボウリング場をやったらええ」と言われていました。

「よし、やろう」

私はボウリングについてはほとんど知らなかったので、半信半疑です。ただ、ブームなのは確かですから、祇園店にボウリング場を併設することにしたのです。

祇園店には、ファッションや生活用品の売場、レストランや喫茶店の並ぶ食堂街、料理教室や音楽教室を催しているカルチャーセンターと、生活者のニーズにさまざまな側面から応える多彩な空間を設けることにしました。

現在でいうところのショッピングモールです。その先駆けとなったショッピングセンターだったといえるでしょう。

ボウリング場はその目玉の一つでした。その頃のボウリング人気からすると、オープンすれば必ずや多くのお客さんが利用してくれる。そう確信もしていました。

ちょうど、祇園店の建設が始まったとき、私はアメリカへショッピングセンターなどの視察に出かけていました。

その折に、ガイドをしてくれた人に尋ねてみました。

「日本では今、ボウリングが大ブームですけど、アメリカではどうですか？」

日本と同じぐらいか、あるいはそれ以上の過熱ぶりではないかと予想していたのです。

ところが、返事は意外なものでした。

「ボウリング場には、もう人は来ていないみたいですよ。すでに閉鎖した店もたくさんあると聞いています」

日本のボウリングブームはアメリカの後追いです。そうなると、アメリカにおけるボウリング場の凋落《ちょうらく》はそのまま日本の数年後の姿ではないかと思えました。

閉鎖したボウリング場も見せてもらって、すぐに決断しました。急いで日本に国際電話をかけました。

「おい、ボウリング場の建設を中止しろ」

「えっ！　もう、資材の発注も終わっていますし、工事の業者もまもなく入ってくる予定ですよ」

「違約金を払ってもかまわない。とにかく、一刻も早く中止してくれ」

突然の中止の指示に現場は戸惑っているようでしたが、施工直前にストップをかけることができました。

このときの違約金は２０００万円。当時としては、一つの店舗の年間の稼ぎに匹敵するほどの金額です。それだけの損失を出しても、将来を見据えた決断ができたのは、私も若かったからでしょう。

祇園店の完成予想図には、３つの棟の中央に巨大なボウリングのピンが立っています。シンボル的な存在として設計されました。そのピンは、急遽、塔に変更されました。付け焼き刃の対応ではありましたが、それでもあれだけ切羽詰まった中でよく変更できたと、スタッフに感謝しています。

車社会のニーズを先取りした祇園店

帰国した私への風当たりは、かなり強かったのを覚えています。

それはそうでしょう。祇園店は、いづみとしては初の郊外店で、広大な駐車場を抱えた新時代に対応するショッピングセンターなのです。家族が揃って車でやって来て、一日を過ごせる場所。私たちの提供したかったのは、そうした空間です。ボウリング場は、まさにそのような空間の軸となるべきものでした。

しかし、私がアメリカの視察の際に肌身で感じ取った「ボウリングブームの衰退」は、日本にも確実にやって来ました。祇園店がオープンして間もなくボウリングは下火になり、ボウリング場は次々と姿を消していったのです。まるで潮が引くようにブームは過ぎ去ってしまいました。

もしも、あのまま計画を遂行していたら……そう思うと、少し怖くなります。お客さんの来なくなったボウリング場を抱え、「さて、どのようにして立て直そうか」と頭を悩ましていたことでしょう。

2000万円の違約金は、決して高くはなかったと実感しました。

いづみ祇園ショッピングセンター

祇園店、正式には「いづみ祇園ショッピングセンター」は、1973（昭和48）年3月27日にオープンしました。

同店は3つの建物からなり、衣料洋品を販売するA棟（ファッションランド）、1階をパーキングにして2階を飲食街にしたB棟、同じく1階をパーキングにして2階、3階に家具・文化用品売場、食料品と日用品売場を設けたC棟で構成されています。B棟、C棟を「ファミリーランド」と位置づけて先行オープンし、その後にA棟をオープンしました。

「ワンストップ・オールライフ」をキャッチフレーズとした、新しいスタイルのショッピングセンターです。コンセプトも店づくりも、もはや「スーパーマーケット」

オープニングセレモニーでテープカットに臨む

という呼び方では括《くく》れません。

オープン当日、来店する自動車の列が途切れることなく続き、大渋滞を引き起こしてしまいました。やはり多くのお客さんがこのような大型店を望んでいたのだと、私たちの挑戦が誤りではなかったことが証明されたのです。

また、予想を超えていたのは、広島市内、郊外からのお客さんだけでなく、かなり遠方からも来てくださったことです。休日に家族一同が娯楽のために遠出する、そのために自動車はとても便利な交通手段になっていました。店舗内での滞在時間も予想以上に長くなっていて、結果として、新しい休日の過ごし方を提案したことにもなったといえます。

例年多くの参加者でにぎわう盆踊り大会

この祇園店では、お客さんへのサービスとともに、この広大な土地を貸してくださった近隣の方々への感謝の意もこめて、毎年夏になると盆踊り大会を開催しています。

大きな櫓《やぐら》を組んだ会場に、大勢の人たちが集まってきます。地域の人たちから親しまれ愛される大型イベントとしてこの地に根づき、現在も続いています。

祇園店で試みた新しいスタイルの店づくりは、その後のイズミの発展を方向づけることになる「ゆめタウン」へと成長を遂げることになります。

プライベートブランドの先駆け――ニチリウ

祇園店のボウリング場中止のように、トップである私個人の判断で重大な意思決定を下すことがある一方、社内の意見を吸い上げる努力もしてきました。

そしてもう一つ、お客さんの視点から商売を捉えることにも、早くから取り組んできました。自分たちの都合で商品を仕入れ、販売をするのではなく、あくまで「お客さま中心主義」を貫くということです。

社外モニターという形でお客さんの意見に耳を傾ける試みは、すでに１９６２（昭和37）年から始めていました。これは、１号店からスタートし、他の店でも行っていたことです。

お客さんから寄せられた声を基に、たとえば木曜日の定休日をなくしたり、さらには品質管理課を新設したりもしました。これによって数店舗にまたがる商品の品質を高度に管理することができるようになったのです。

祇園店では、１９７６（昭和51）年にショッピングセンターモニター会を催しました。30代から50代までの主婦を公募して、定期的にヒアリングを行ったのです。店頭でのクレームなどは常に入ってきていますが、お客さんの率直な感想や意見に耳を傾ける機会は多くあり

祇園店でのヒアリング風景

ません。このような場を設けることで、消費者の意識をある程度正確に掴めるようになったと思います。

ここで伺った意見については、たとえば「広告に出ている特価商品はサイズが分かりにくい」といった声に対してすぐさま対応策を練るなど、できるだけ改善・修正を図り現場に反映させていきました。店の側からでは絶対に出てこない、お客さんの立場だからこそ発することのできる意見、それを大切にしたのです。

1974(昭和49)年には、さらなる「お客さま中心主義」の実践として、彦根市にある「平和堂」、和歌山市の「オークワ」、大阪市の「ライフ」など地域に根ざした6社とともに「日本流通産業株式会

いづみ店舗でのニチリウ売場

社」を共同で立ち上げました。

略称が「ニチリウ」、こちらのほうが知名度が高いでしょう。

私は発起人の一人でもあり、当初は副社長兼衣料部会長を務めました。もともと音頭を取ったのは平和堂の夏原平次郎さんです。

共同仕入れ、商品の共同開発（新製品の販売）などを行い、「より良い商品をより安く」というスーパーマーケットの原点に立ち返ることを目標としています。

ここで開発した商品は、それぞれの店舗でニチリウ製品コーナーなどを設けて販売し、カップ麺（「マミーラブヌードル」）などの食料品、洗剤や布団カバー、衣料品（「タウントーク」）まで、さまざまな食品、生活用品をメーカー品よりも安く提供してきました。現在はコーポレートブランド「くらしモア」として、食品、日用品を中心に展開しています。

ニチリウができて10年ほど後に、大手スーパーマーケットがプライベートブランドを立ち上げるようになりますが、私たちはそれよりも早い時期にプライベートブランドを作り出していたわけです。

また、ニチリウ以降も共同仕入れをするグループなどが作られましたが、どこもうまくいきませんでした。ニチリウは珍しい成功例だといえるでしょう。

ニチリウで行ってきたことは、先の社外モニターと同様、お客さんの声に真摯に耳を傾け、それに応えていくという活動の一環でもありました。早い時期から取り組み、しかも同業他社との共同開発、共同販売という形をとることで、時代のニーズに応えつづけていくことができたのだと思います。だからこそ、設立から40年以上を経た現在も広く支持されつづけているのでしょう。

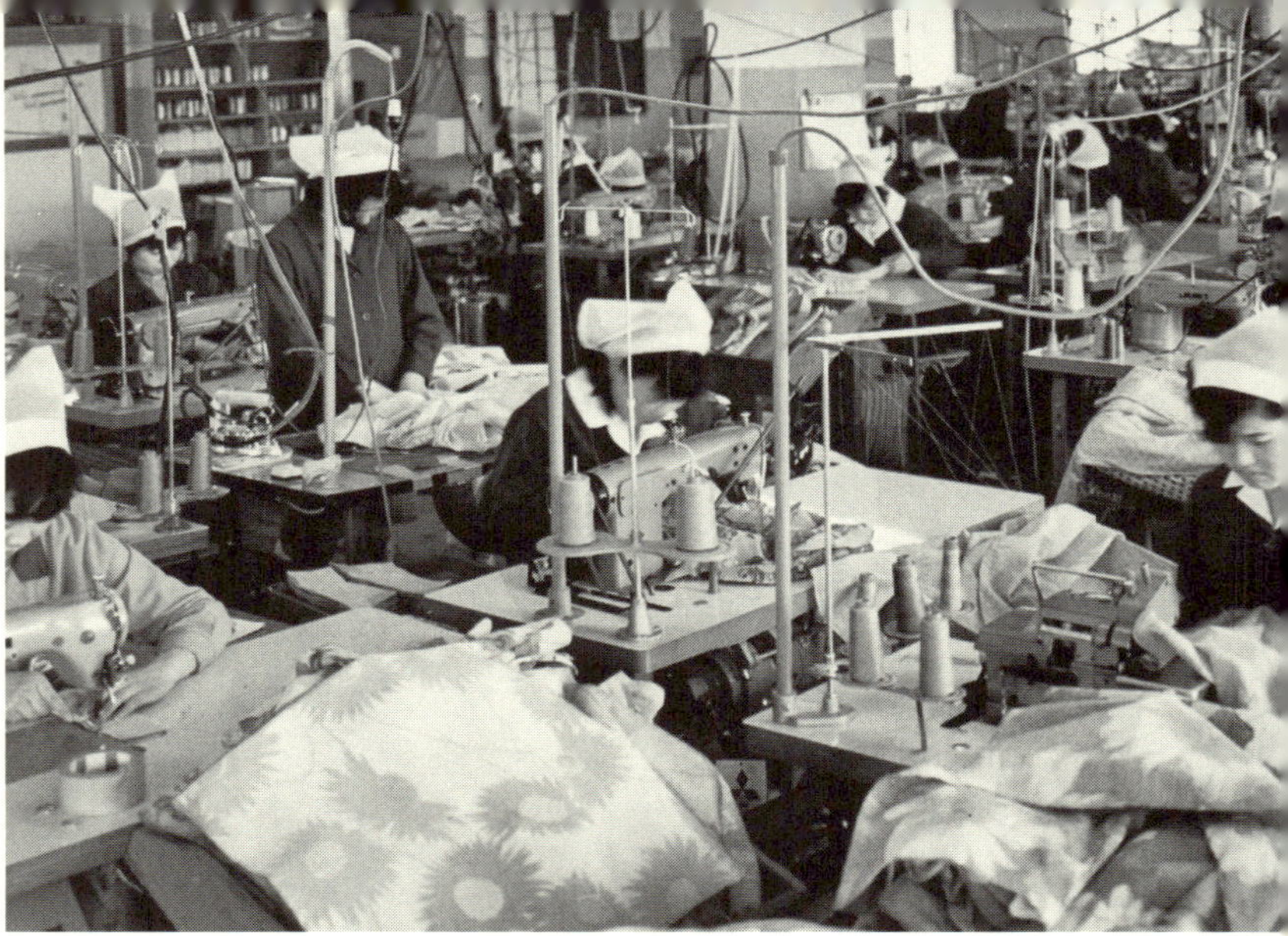

ポプラの生産現場

フランチャイズ事業にもチャレンジ

この時期、いづみ本体としても、さまざまな挑戦、改革に取り組んでいました。

ファッションメーカーとしてのポプラは別会社となっていましたが、とくにナイトウエアを中心に製造を続け、いづみだけでなく、東京から九州に至る問屋、小売店に販売するようになりました。その結果、大きく成長を遂げて「ネグリジェやパジャマでは日本一」といわれるようになり、東京、大阪、博多に拠点を構えるまでになりました。

序章でも触れたように、ポプラの最大の

広島での初出店となったミスタードーナツ1号店

得意先となったのはイトーヨーカ堂さんでした。東京では4階建ての自社ビルを持つまでになったのです。

また、外食事業部を立ち上げて、外食産業にも乗り出しました。

たとえば、ミスタードーナツ。1950年代半ばにアメリカで創業されたドーナツチェーン店のフランチャイズ事業です。

ミスタードーナツは、日本では1971（昭和46）年に事業がスタートし、大阪の箕面に第1号店がオープンします。いづみはこのミスタードーナツのフランチャイズにいち早く加盟し、73（昭和48）年にいづみサンモール店に店舗を出しました。これが広島でのミスタードーナツ1号店となり、今も営業を続けています。

その後、他のいづみ各店にもミスタードーナツを展開していき、「いづみ」と「ミスタードーナツ」はペアのようにして親しまれてきました。

1970年代後半には、小僧寿しチェーンに加盟します。小僧寿しは1968（昭和43）年からフランチャイズ制を採用し、最盛期には全国で2000店舗を超える規模となっていました。その時期に、いづみもフランチャイジーとして、広島県内の住宅地に広く出店していったのです。

また、1980年代にはファミリーレストラン「ココス（COCO'S）」にフランチャイズ加盟し、中国地方を中心に出店しました。ココスは、もともとアメリカ発祥のレストランチェーンで、日本に上陸した際もアメリカンスタイルのレストランと位置づけられていました。初期はこのスタイルが話題となり来店客からも支持されましたが、その後は日本人の嗜好に合わせてメニューを変更していき、やがて日本風のファミリーレストランへと変身を遂げました。

いづみがココスのフランチャイジーとなったのは、アメリカンスタイルで人気を博していた頃です。当初は好業績でしたが、この形式ではやがて飽きられるのではないかと判断し、好調な状態のまま手放しました。

こうしたファーストフードやファミレスのフランチャイズに加盟することで、アメリカ式の経営手法、店舗運営のノウハウを学ぶことができました。その多くはマニュアル化されていて、熟練した店員でなくとも、調理からレジまでこなせるようになっていました。私の元では、個性を生かした社員教育などを行っていますが、それでも学べるところは少なくなかったです。

地方発スーパーとして初の上場を果たす

今では、こうした外食事業のほとんどを手放してしまいました。

それは、外食ビジネスに力を入れ過ぎると、本業である小売業に支障をきたす恐れがあると感じたからです。

外食は外食で難しい事業です。生半可な取り組みでは成功を勝ち取ることはできません。フランチャイズだからといって、レールに乗って走っていけばいいというものではないのです。事業としての将来性、本業との関連性などを総合的に判断し、「このまま進めれば本業の方が疎《おろそ》かになる」と判断したのです。

どのような商売もやってみなければ分かりません。可能性を感じたらチャレンジし、「これは違う」と感じたら、さっさと見切りをつけて撤退する。その見極めさえしっかりとできれば、失敗は失敗のまま終わらず、次の成功へとつなげていくことができるはずです。

１９７０年代から80年代にかけて、いづみが懲りずに何度も外食事業にチャレンジしていったことは、だから決して失敗ではなかったと思っています。

そして、この時期に、いづみもついに上場を果たします。

１９７８（昭和53）年10月２日、大阪証券取引所第２部、広島証券取引所に同時に上場したのです。大手といわれたイトーヨーカ堂、イオンなどは上場していて、いづみは、それに続く上場となります。このときには店舗数は16店、従業員数が２１１２人です。売上は５２６億円でした（１９７９年２月期）。

上場の目的の第一は、知名度アップでした。社会的な信用が高まれば企業として一人前と見なされるし、優秀な人材も集めやすくなります。

上場を受けて、私自身も「いよいよ大人になったな」と思いました。上場は企業にとって成人式のようなものです。これによって社会から大人扱いされるようになったことは、大変感慨深かったのです。私は、この日がいづみの「第二の誕生日」であると思っています。

地方の総合スーパーの中では、この上場は最も早かったでしょう。ニチリウの７社（設立時）の中でも、私のところが最初です。新聞記事では「量販店業界では全国で12番目、中堅量販店では4番目、地方でチェーン展開する量販店としては2番目」と紹介されていました。

大阪証券市場では、中国地方で最高値を付けました。初日は1620円で売り出して、終値が1920円でした。2週間後には2130円となっていて、全国的にも注目されているのだなと実感しました。

もちろん、こちらは成人したばかりですから、周囲を見渡すと立派な大人はたくさんいます。上場がゴールではなく、まさに大人に負けないようにやっていかねばならないと決意したスタートでもあったのです。

当時の社内報には、こう記しました。

「創業17周年にしてついにいづみも上場企業に成長しました。（中略）上場で当社の責任は一段と重くなってきます。数多くの株主への責任、上場企業としての社会的責任、そして期待してくださる消費者の皆様への責任がそれです。私達は責任と期待を自覚し、確実に実行努力していくことが、その責任と期待への答えとなるのです」

この気持ちをこれからも忘れないでいよう——。

私自身が、これらの言葉を胸に刻み付けていたのです。

瀬戸内ドミナントで西への進出を図る

上場を受けて、さらなる進化を図っていこうと考えました。

まず、1980（昭和55）年、社名を「いづみ」から「イズミ」に変更しました。

これに伴い、「新生イズミ」を強く印象づけ、スーパーやショッピングといえばIZUMI」を浸透させていくため、「Top of Mind IZUMI」をコンセプトにシンボルマークも変更しました。〝クローバー〟をかたどった旧マークから、〝昇る朝日〟へとイメージをがらりと変えたのです。

この翌年の1981（昭和56）年が創業20年の節目に当たることから、社名とシンボルマークを変えることで社員の気持ちをリフレッシュし、「改革と挑戦」に向けた意識改革を図ることが目的だったのです。

そして、5年後の売上目標を2000億円と設定しました。1980年2月期には680億円ですから、5年間で3倍にするということです。

この目標を達成するためには、今までと同じようなことをしていては無理でしょう。出店のペースを早める、新業種への参入を試みる、新事業を立ち上げるなど、いろいろなことに

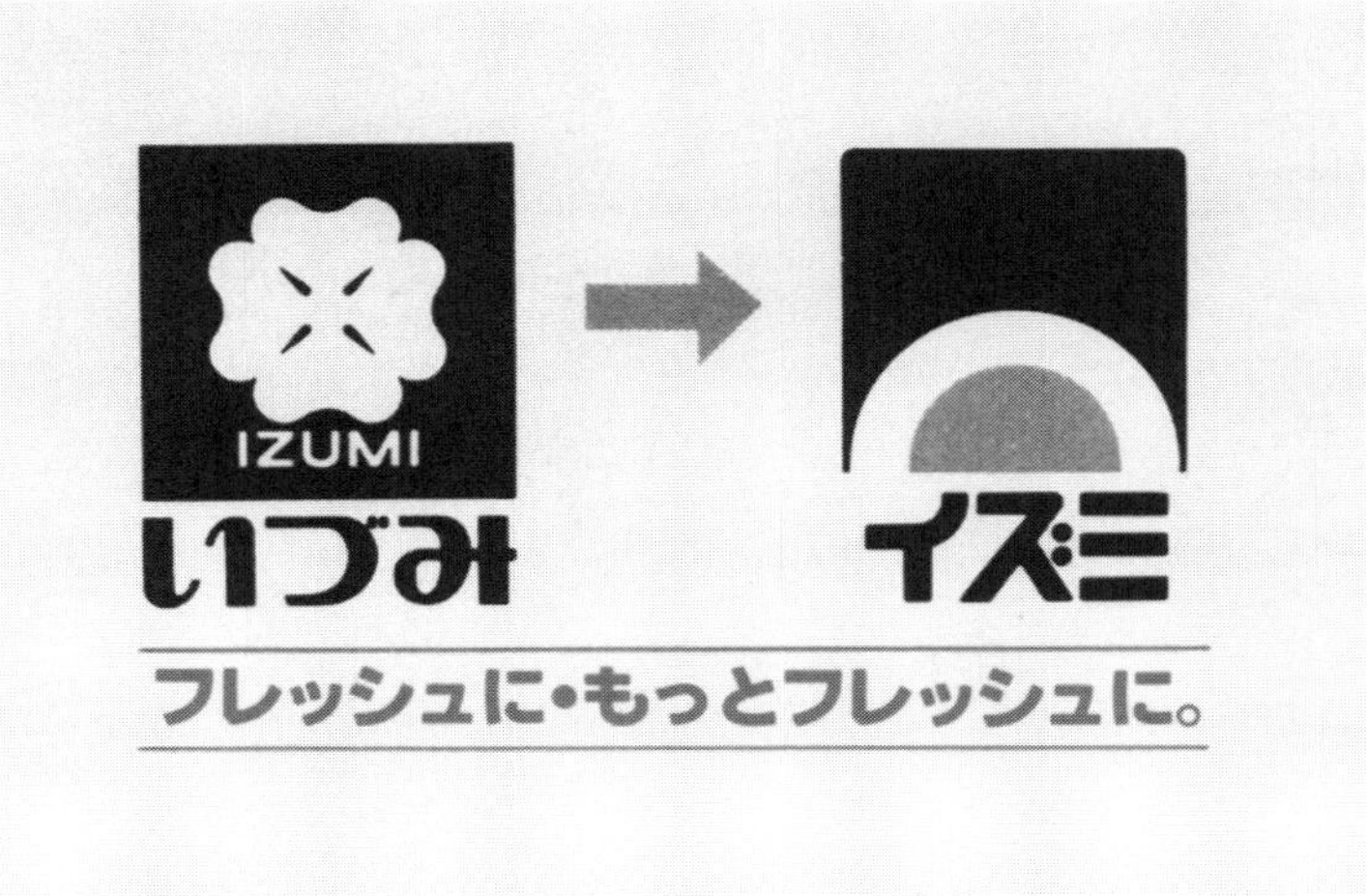

「いづみ」から「イズミ」へ。シンボルマークを一新

挑んでいかなければなりません。そのために知恵を絞ることこそが大切だと思いました。

とにかく、「イズミ」は新たな一歩を踏み出しました。

それまでのイズミは、衣料品製造や外食などさまざまな事業を試みる一方で、本業である小売業については、ドミナント戦略を主軸に据えた店舗展開を行ってきました。

まず広島を根城にした「地域一番店」の確立。広島県内に集中的に出店を果たし、それぞれがその地域でメインの店舗となるよう足元をしっかり固めるというのが、初期のドミナント戦略でした。

１９８０（昭和55）年までに展開した店舗は広島県で15店、岡山県で4店、山口県

南岩国店（上）、高陽店（下）

で1店でした（松山にも出店しましたが9年で閉店しました）。

これを、瀬戸内ドミナントにエリアを広げていき、点から面へと展開していこうと考えたのです。

もちろん、ホームグラウンドである広島県での出店は続けていきます。それらに加え、広島を基点に主に西へと拡大を図っていきました。いずれも郊外型の大型店として展開し、1980年代を通して、広島県9店、山口県4店、岡山県1店の、計14店を出店しました。

この中でも、1983（昭和58）年12月8日に山口県の南岩国町にオープンした南岩国店は、岩国市の企画した振興開発地域店舗としての出店でした。売場面積は約4188平方メートル、駐車場は700台収容可能と、かつての祇園店を上回る規模となりました。

南岩国店のオープン初日もまた、祇園店を彷彿とさせるような自動車の列が続きました。店舗入り口にも、大勢のお客さんが並んでくださいました。

この勢いを止めてはならないと、山口県においては5年という短期間に、湯田店、柳井店、防府店を次々とオープンさせました。

これによって瀬戸内ドミナントは西へと広げられ、岡山から広島を通って山口に至るまでの「面」として確立していったのです。

この間にも、広島県内では大規模な店舗が相次いで開店しています。とくに高陽店は売場面積が約4100平方メートル、自動車400台収容可能の駐車場を擁する店舗です。さらに、岡山でも平島店という、当時としては最も東に位置する大型店を出店しました。

ファッションディベロッパー事業への進出

郊外への大型店の出店を続けながら、私は「大きいことはいいことだ」という時代もいずれ頭打ちになるだろうという予感がしていました。

これには、徐々にコンビニエンスストアが浸透しつつあることが視野に入っていたからです。中でもセブン‐イレブンの台頭は大きかったでしょう。小回りがきくだけに、営業時間も長く設定できますし、ふと立ち寄って利用できる手軽さも消費者のニーズに適っていたからです。

また、衣料関係では専門店の動向も見逃せません。

山口県宇部市で紳士服などを扱っていた小郡商事が、1984（昭和59）年6月、広島市でカジュアル衣料品店を立ち上げました。当時の店名は「ユニーク・クロージング・ウエアハウス」で、これが「ユニクロ」の1号店です。これからはカジュアル衣料の市場が伸びる、と見た柳井正さんが〝若者が集う場所〟をイメージし、あえて倉庫のような内装にして、セルフサービススタイルで始めたのがこの店でした。ここを出発点に、その後日本の衣料業界を席巻しつづけてきたことは周知のとおりです。

私たちもまた、時代の流れや風向きを的確に捉えようと、さまざまな試みや模索を続けていました。

その一つが、いづみ1号店（八丁堀店）をリニューアルオープンさせた「ウィズワンダーランド」です。地上7階、地下1階のビルに、アール・デコ調の装いを施した外観は、以前の「いづみ」のイメージとは結びつかないかもしれません。

1985（昭和60）年11月23日にオープンした際には、「中国、四国地方で初の本格的ファッションビル」と注目を集めました。

ここから、とくに若い世代に向けてトレンドを発信していこうと考えましたが、コアな若者層だけでなく、10代からミセスまで幅広い層をターゲットにしました。

テナントとして95店に及ぶ多種多様なDCショップなどが入店したほか、貸スタジオ、イベントスペース、カフェバー、スポーツジムなどのスペースも設けました。ファッションを文化として捉え、周辺のカルチャーとともに発信できる施設を目指しました。

この狙いは大成功を収め、ウィズワンダーランドは若者文化の発信地としてのステータス

若者文化の発信拠点となったウィズワンダーランド

を確立することができました。

都市型ファッションビルとしては、この2年後に旧福山店をリニューアルした「ＣＡＳＰＡ」、さらにその2年後には岡山市の「ｆｉｔｚ」と、ウィズワンダーランドで培ったノウハウを生かし、発展させた店舗へと実を結んでいきます。

この取り組みを通じて、イズミはスーパーマーケットの運営にとどまらず、ファッションビルのディベロッパーという新しい事業分野を開拓することができました。

これがその後のゆめタウン、ＬＥＣＴという新しいスタイルの店舗創造へとつながっていくのです。

第4章

人を生かせば「喜び」が循環する

商いを支えているのは、「物」ではなく「人」です。

お客さんはもちろんのこと、共に仕事をする人たち、そんな従業員を支える家族、いろいろな人たちを大切にすることで商いというものが成り立っていくのです。

たとえば、お客さんを単なる「客」として見てしまうと、何を欲しているのかが分からなくなってしまいます。一人一人がそれぞれの個性をもった「人」であると思って付き合わなければ、売り手の独りよがりに終わってしまうでしょう。

私は、そのことを子ども時代のシジミ売りで学びました。

ですから、私たちが標榜する「地域一番店」というのは、その地域で最も地元民のことを考えているお店を目指すということなのです。その地域の人が何を欲しているかを考えて考えて考え抜いて、それをお店に置く。そのためには「人」を中心に置かなくてはなりません。

そこに暮らす「人」のことを考えて、さまざまな物、情報を提供する。そこに商いの醍醐味もあります。この「人」を大事にするという姿勢は、お客さんだけでなく、社員に対しても同じです。

夫婦でやっているような食べ物屋さんで、よく主人が奥さんを大声で怒鳴っているような店があります。出された料理も、いっぺんにマズくなってしまい、箸を置いて出ていきたくなるでしょう。

もちろん、叱るときは叱るべきなのですが、愛情のない叱り方はすぐ分かります。そして、そうした店では従業員もやる気が失せてしまいがちです。どのような店であっても、働く者を大切にしていなければ、その雰囲気はすぐに店の中に蔓延しますし、お客さんは離れていってしまうでしょう。

パート、アルバイトさんにも誕生日にプレゼント

私は卸問屋で丁稚を置いたころから、とにかく気持ち良く働いてもらうことだけを考えてきました。

問屋時代は、時期によっては寝る時間もないほど忙しくなることがありました。そのようなときに、主人と丁稚という関係ではなく、一緒に汗まみれになって働いてくれるような仲間でなくてはなりません。

そのため、待遇もきちんとしようと決めていたのです。山西商店のころも、地方問屋の中でもかなり高給であったと自負しています。大都市圏の問屋と比べても遜色なかったはずです。

恥ずかしくないだけの給料を支払うことで、従業員にも心のゆとりが生まれてきます。当時でいえば、三種の神器の類いも世間に遅れることなく購入できたでしょう。それが、文化的生活につながりましたし、働く意欲になっていったのです。また、気持ちに余裕が生まれることで、お客さんにも丁重な対応ができたはずです。

山西商店の創業期、まだ社員が少ないころは、本当に「家族」のように接していたと思います。私の妻がよく差し入れの弁当やおやつを持ってきては振る舞っていました。暑い夏には冷やしたスイカを持ってきてくれたこともあります。

社員が増えていくと、直に触れ合うような付き合い方は減っていきましたが、気持ちは同じです。

今でも続いているのは、誕生日に私からささやかなプレゼントを贈ることです。お菓子と商品券ぐらいのものですが、社員だけでなくパート、アルバイトの人たちにまで渡すようにしています。

店を見て回っていると「ありがとうございます」と言われることがあります。

「何や、お礼を言われるようなこと、したっけ？」

「この間、誕生祝いをいただきました。本当にありがとうございます」

実は、私は人にお礼を言われるのが好きではないのです。それで「お礼は言わなくていい

豪華設備で知られたイズミ女子寮

から」と言っているのですが、私の顔を見て、つい言ってしまう人もいるようです。

待遇面でいえば、1959（昭和34）年には早くも社員寮を作りました。広島市郊外の閑静な田園地帯で、建坪が85坪の2階建て。そのころでも45人の社員が暮らしていました。1967（昭和42）年には、そのすぐ後に女子寮「光寮」を作りました。こちらは5階建てで280人を収容できる規模のものです。西日本一の豪華設備といわれたこともありました。

学校の校長先生まで勤めた方に夫婦で頼んで、寮で暮らす社員たちの世話や教育をしてもらいました。サークルとしてお茶、お花などの習いごともできるようにしました。花嫁修業をさせたいと思っていた親御

茶道などのサークル活動も盛んだった

さんも安心だったはずです。

こののち、広島だけでなく呉や岡山などにも、社員寮を男女別に用意しました。

また、スポーツなどのサークル活動も盛んで、とくに卓球部はかなり成績も良く、女子の方は東部繊維卸商体育同好会主催の第1回大会で優勝しています。男子寮では野球チームも作っていました。

ほかにバレーボールチームもあり、女子のチームは広島のバレーボールリーグに加盟して、好成績をおさめたこともあります。

そうした家族的な雰囲気によって安心感を持てたのでしょう。食品工場で働いていた男性に息子さんがいて、学生のころにはうちのイベントの写真などを撮ってくれていたのですが、この息子さんも卒業後はイズミに就職しました。そして長年勤め上げ、先日60歳の定年を迎えたんです。

親子2代でイズミで働き、仕事人生を全うしてくれたわけですから、それなりにやり甲斐もあり、居心地もよかったのではないかと、ちょっとだけ自分のやってきたことに自信を持つことができました。

年数回全店舗を回り、現場の空気を読む

96歳になった今でも、全店舗の巡回はずっと続けています。だいたい週末の1日か2日を巡回日に充て、車で移動しながら1日6店から8店程度回ります。店舗は子会社を含めると200店くらいあるのですが、毎週巡回するので全店舗を年に2、3回は回れるわけです。

こまめに店を見て回るのは、それぞれの店の状態を把握することが目的ですが、それとともにそこで働く人たちを見ておきたいという思いもあるからです。

到着すると店長がやって来ますので、まずその顔色を見ます。40代前半の者が多く、すでに結婚して持ち家があるため、単身赴任しているケースが多いです。そこで、最初に健康状態や家族のことを尋ねます。

「奥さん、元気でやっとるか？」

「はい」

「ひと月に2度くらいは帰るようにせんといけんよ」

その合間に、予算の進捗状況なども確認します。

仕事がうまく回っていると、元気よく返事をして受け答えも明瞭なのですが、反対にうまくいってないときは、ひたすら言い訳になる。そうした会話を通して、人を見ています。

業績については数字を見れば分かりますが、店の雰囲気や従業員の士気といったものは、実際に出向いて現場の空気に接したり、会話を交わしてみなければ掴めません。やはり「人」に関わることが何より大切なので、今もしっかりと把握していきたいと思っているのです。

また、取引先の方たちとのコミュニケーションも大切です。

毎年、取引先の方々を招いてイズミ会という集まりを催しています。取引先であっても社員と同様に大切な〝仲間〟だと私は思っています。〝共存共栄〟のため、互いに手を携えて共に歩んでいくという姿勢が必要なのです。

いち早く週休2日制を導入

第1章でも触れましたが、初期にはヘッドハンティングで、さまざまな分野のプロフェッショナルを集めてきました。

今では冗談めかして話されますが、当時は必死です。すでに、国税局や新聞社でそれなりの地位についている方々ばかりですから、「うちへ来ませんか」と言ったところで、まったく相手にしてもらえません。自宅まで押しかけ、口説きました。帰りの遅い人に対しては、朝早くに自宅を訪ね、寝起きのところで頼み込んだりもしたのです。その熱意が通じたのでしょう。「この人は」と思ったプロフェッショナルは、みんなうちへ来てくれました。

「念ずれば叶う」という言葉を実感したのは、まさにこのときでした。誠心誠意、事にあたれば、必ず成就するのです。その際、雨の滴が岩を穿《うが》つように、諦めずに続けていくことが大事です。私は「せっかち」で、思いついたら動かずにはいられない性質です。ただ、始めたことは必ずやり遂げなくては気持ちが落ち着かないのです。すぐにやる、そしてできるまでやる。それが私のポリシーです。

外部から招いたプロフェッショナルの力が創業期の「いづみ」を支えてくれたのは確かで

す。

プロフェッショナルの存在は、生え抜きの社員たちにも刺激となりましたし、たくさんのことを学ぶ機会を提供してくれました。その仕事ぶりに近くで接してきた若手社員たちが、次世代のプロフェッショナルへと育っていったのです。

彼らが生き生きと学び、意欲をもって仕事ができる環境を作ること。それもまた私の重要な役割になっていきました。職場の環境改善はもちろんのこと、福利厚生施設の整備や、さまざまなイベントの充実などに力を注ぎました。

イズミには10代の社員も大勢います。高校卒業後、すぐに入社したような人たちです。彼らが20歳になったとき、会社を挙げて成人式を大々的に開催しています。かつて広島で最も格式の高いといわれた広島グランドホテルで成人式を催したこともありました。１９７０年代には店舗がどんどん増えていったため、数百名単位で採用していたからです。

１９７２（昭和47）年３月からは隔週で週休２日制を導入しました。これは、業界でもかなり早い導入でした。

休日もまた、仕事をするうえでとても大切なのです。身体や精神を休ませるだけでなく、休日には仕事とは異なった活動をすべきと、よく社員に話しています。映画を見るもよし、読書でも買い物でも普段はやれないことをする。それが見聞を広めることにつながり、見識や教養を高めてくれると思うからです。その結果、職場の雰囲気も良くなり、接客にも反映されていくでしょう。

私は、社員の〝人間性〟の向上には時間も経費も惜しむべきではないと思っています。私自身も、忙しく働いている中で、少しでも自分を磨いていこうと努めてきました。そして、それがビジネスの場において思わぬ形で生かされた経験を何度もしてきました。

ですから、社員全員に、普段から自分を磨き向上させる時間を大切にしてもらいたいと願っています。

人材を生かす「職位の正三角形」

早い時期から私が心がけていたのは、「カラッとした実力主義」です。今では社内では「当たり前」のフレーズとして浸透しています。

実力主義というのは、能力ある者、実績を上げた者がそれなりの地位に就くということです。逆に、成績が落ちたら、それに見合った地位に下がります。昇格も降格もその時々の実力、成績によるわけです。

そうした異動は、決して情緒に流されることなく、あくまで「カラッ」と行おうということです。判断を下す者も、また、現実に昇格、降格した者も「これが今の実力なのだ」と思い、その日から新たな気持ちで働けばいいだけです。

こうした実力主義は、私がこれまで働いてきた間に培った「職位の正三角形」理論に基づいています。理論といっても、簡単で平易なものです。

職場においては、能力を底辺、責任と権限を2つの辺とした正三角形を大事にすれば、まず間違いがありません。正三角形としたのは、要はこの3つの要素のバランスを考慮して役職などを決めればいいということです。

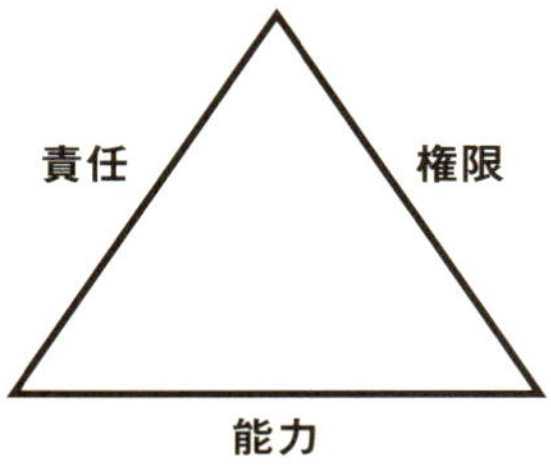

職位の正三角形

能力の高いものは（つまり底辺が大きくなる）、責任も権限も長くなります。能力は低いのに、権限だけ大きいとか、能力はあるのに責任も権限も小さいと、いびつな三角形になってしまい、うまくいきません。本人や部下、同僚からの不平不満が噴出することは目に見えています。

バランスのいい正三角形を保っておけば、すべてがうまく回転するのです。

そのためには、とにかく「例外」を作らないことが肝心です。

一つでも例外を作ってしまうと、次から次へと例外が出てきて、正三角形など見当たらなくなってしまいます。原理原則は守り切ることで、この「カラッとした実力主義」は保たれてきたといえるでしょう。

誰もが、自分の能力に応じたポストに就き、そのポジションで実力を発揮したいと願うものです。仕事をするうえで、力を出し切る場があることはとても大事です。このことは、その人の人生や幸せをも左右しかねません。

ですから、働く者をきちんと評価し、きちんと処遇する必要があるのです。そうすることでモチベーションも高まっていくと信じています。

その際には、一人一人の「得手不得手」を見極めてあげることも大切です。たとえば、私は英語もできませんし、今では当たり前になっているパソコンもまったく使えません。しかし、たとえば新しい店舗を作る際の立地を判断する能力などには長けていると自信を持っています。

では、今日から私が英語を学んだり、パソコンを勉強したりすることが必要なのか。もちろん、時間的に余裕があればそれもいいでしょう。ただ、それよりも得手としている店舗の立地判断などを十分に活用した方が、会社としても助かるはずなのです。

誰でも得意なこと、不得意なことはあります。不得意なことに目を向けるのではなく、得意なものに力を注ぐ。それが、働くうえでの「やる気」につながってくるのではないでしょうか。

会社を変え、成長させていくのは「人」

かつて、一人の社員を店舗運営部長に抜擢したことがありました。仕事もできるし、それなりの能力があると見込んだからです。ところが、どうも顔色がすぐれない。会議などに出席しても覇気が感じられないのです。彼は、自分から「今の役職は合わないようです」と言ってきました。もっと現場に近いところで働くのが、彼にとっての得意分野だったのでしょう。

そこで、店長職へ異動させました。役職としては降格になります。しかし、それ以後は生き生きと仕事をするようになったのです。やがては、現場で成長していき、支配人となりました。

適職というのは、自分ではなかなか見つかりませんし、気づかないものです。また、周りも判断できないことも多いでしょう。しかし、現在就いている職種やポジションではせっかくの能力を生かせず、本人にとっても会社にとっても望ましい状況ではないと思われる場合

新入社員研修での講義（1970年）

は、思い切った異動も必要だと思います。

イズミでは、客観的な基準で人事制度を運用する必要から、１９６８（昭和43）年、資格制度、教育訓練制度、そして新たな賃金制度の３つをスタートさせました。

資格制度は、能力に応じて1級職から10級職まで区分けし、その中でさらに「号」で分けて、現状の職務を半年から1年続けると、上位クラスの昇格試験が受けられるというものです。

この制度は、社員の士気を高め、また、誰が見ても公平な昇格、降格となるように作られています。初めこそ戸惑いがあったかもしれませんが、少しずつ慣れていくに従い、昇格試験は大きな励みになっているようです。なお、１９８２（昭和57）年に

「新資格制度」に改定され、よりフラットな仕組みに生まれ変わっています。

この年（１９６８年）には大学卒業者の採用を本格化させました。大手以外ではまだまだ大卒の採用は一般的ではなかったのですが、質・量ともに人材の層を厚くしたいとの思いから踏み切ったのです。

責任と権限ということに関しては、とくに「権限」の部分をきちんと定め、実際に割り振らねばなりません。そうでなければ、責任ばかり押し付けることになってしまうからです。

１９８７（昭和62）年には、部門別損益管理制度を作り、いわば現場での自由裁量範囲を大幅に拡大しました。売場の責任者の権限を大きくしたのです。このことで主任クラスであっても、経営的なセンスが必要となり、やる気とやり甲斐を強く感じられるようになったようです。

なお、イズミでは１９７１（昭和46）年から海外派遣制度を実施しています。常に社員が新しい情報に触れ、新しい風に当たることで、会社の新陳代謝を図っていこうとの意図からです。

会社を変え、成長させていくのは、結局は「人」でしかありません。「人」を育てることこそが、会社にとって最優先事項なのです。

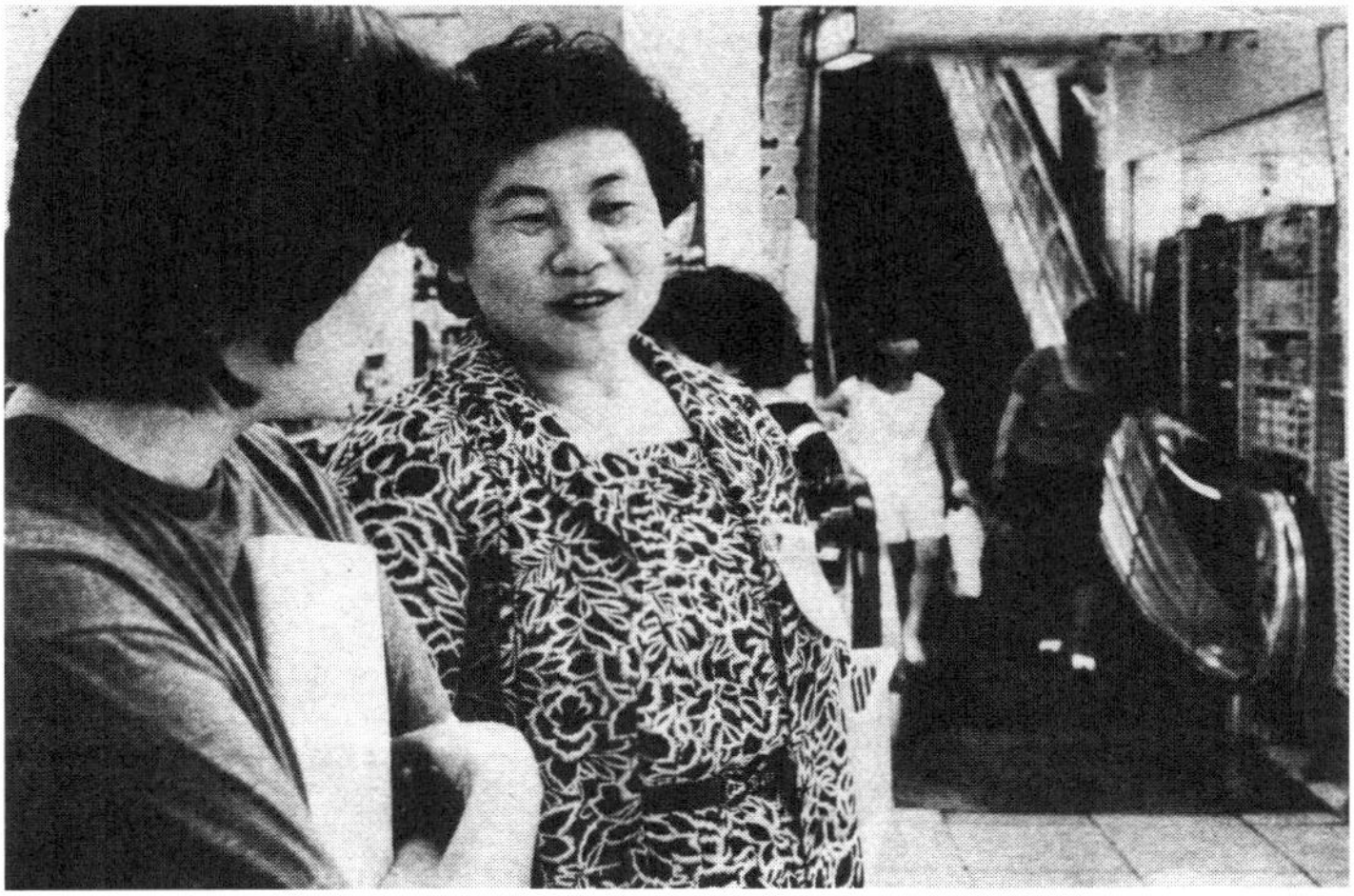

看板店の店長に抜擢された妹尾幸恵さん

大型店舗に業界初となる女性店長を起用

1983(昭和58)年3月、イズミで初となる女性店長が広島駅前店に着任しました。

女性店長そのものは、業界的には1981(昭和56)年にすでに誕生していましたが、売場面積4000平方メートルを超えるような大型店では初めてのことです。この駅前店はイズミの「顔」でもありますし、年間売上45億円、従業員135人を擁する、名実ともにイズミを代表する店舗でした。

この女性、妹尾幸恵さんは、現場出身ではなく、もともと人事教育部門に在籍していて、そこからの登用です。妹尾さんは大手繊維会社勤務の後にイズミに入社しました。長年にわたり人事教育に携わり、この店長就任時にはすでに15年選手となっていました。

彼女のことはマスコミにも取り上げられ、随分と話題になったものです。男女雇用機会均等法が制定されるのは1985（昭和60）年ですから、それに先んじたともいえます。

妹尾さんが店長に就任する際、反対する声もありました。現場経験がなかったという理由からです。しかし、私はあえて彼女に任せてみようと考えたのです。それも大規模店の店長でなくてはなりません。「職位の正三角形」理論からすると、この役職に就くのは当然であり、そうでなければ三角形は歪んでしまったでしょう。この登用も新資格制度の賜物《たまもの》だったといえます。

私の眼力が正しかったと誇るつもりもありませんが、彼女は期待に応えつづけました。一定の業績を残すことができたところで、再び教育を担当する部署に戻ってもらいました。この店長経験が、社員教育の場に生かされるだろうと確信していたからです。それもまた私の狙いの一つでした。

スーパーマーケットは、職場としては女性の多いところです。正社員、パート、アルバイトを含めて、女性が大きなウエイトを占めています。女性の力なくしてすべての店舗は回っていかないでしょう。

80年代、さまざまな部署で女性の活躍が目立つようになった

しかし、かつては男性中心の風潮がまかり通っていました。

いずれは女性も男性も同じような実力主義の下で働く時代が来る。女性を活用できない企業は成長しない。私は早くからそう確信し、「女性にも責任のある仕事を任せたい」との思いを抱いていました。それをこの機会に実行したのです。

店舗だけでなく、バイヤー、スーパーバイザーなど、会社のエンジンともなる職場にも女性を登用するようになりました。女性には女性ならではの視点や感覚があり、とくにスーパーマーケットではそれが必要とされているのです。

また、女性の、とくにパートタイマーとして勤めている方々にも、能力に応じて責任と権限を持つことができる制度も作りました。
「教育リーダー制」などは、その一つです。10人ほどの班を作り、そのリーダーを女性社員に担当させます。班ごとに、さまざまな仕事を担うのですが、リーダーは仕事の流れやメンバーへの指示、目配りをするとともに、新入社員や若手社員の教育も行うことになります。

とはいっても、すぐにリーダー役が務まるはずもありませんから、研修に参加してもらいます。そのため、3泊4日の合宿研修などもあるのです。

女性社員も「人を育てる」経験を積まなくてはなりません。ただ自分の仕事だけをこなしていては、大きな成長は見込めないからです。人を育て、共に働き、そのことで自分も成長していく。仕事とは、そういうものです。

今まで、女性やパート社員などにとって、そうした機会は少な過ぎました。私自身もそのことに気づいたとき、いたく反省したものです。

そして、それは「女性だから」と特別視をすることでもありません。男性も女性も、能力に応じた仕事をしてもらい、責任と権限を得てもらう。その基本に立ち返っただけのことなのです。

この大型店での女性店長誕生の翌年、イズミでは社内で肩書で呼び合うのはやめようという取り決めがなされました。「部長」「課長」ではなく、あくまで名前に「さん」付けをして

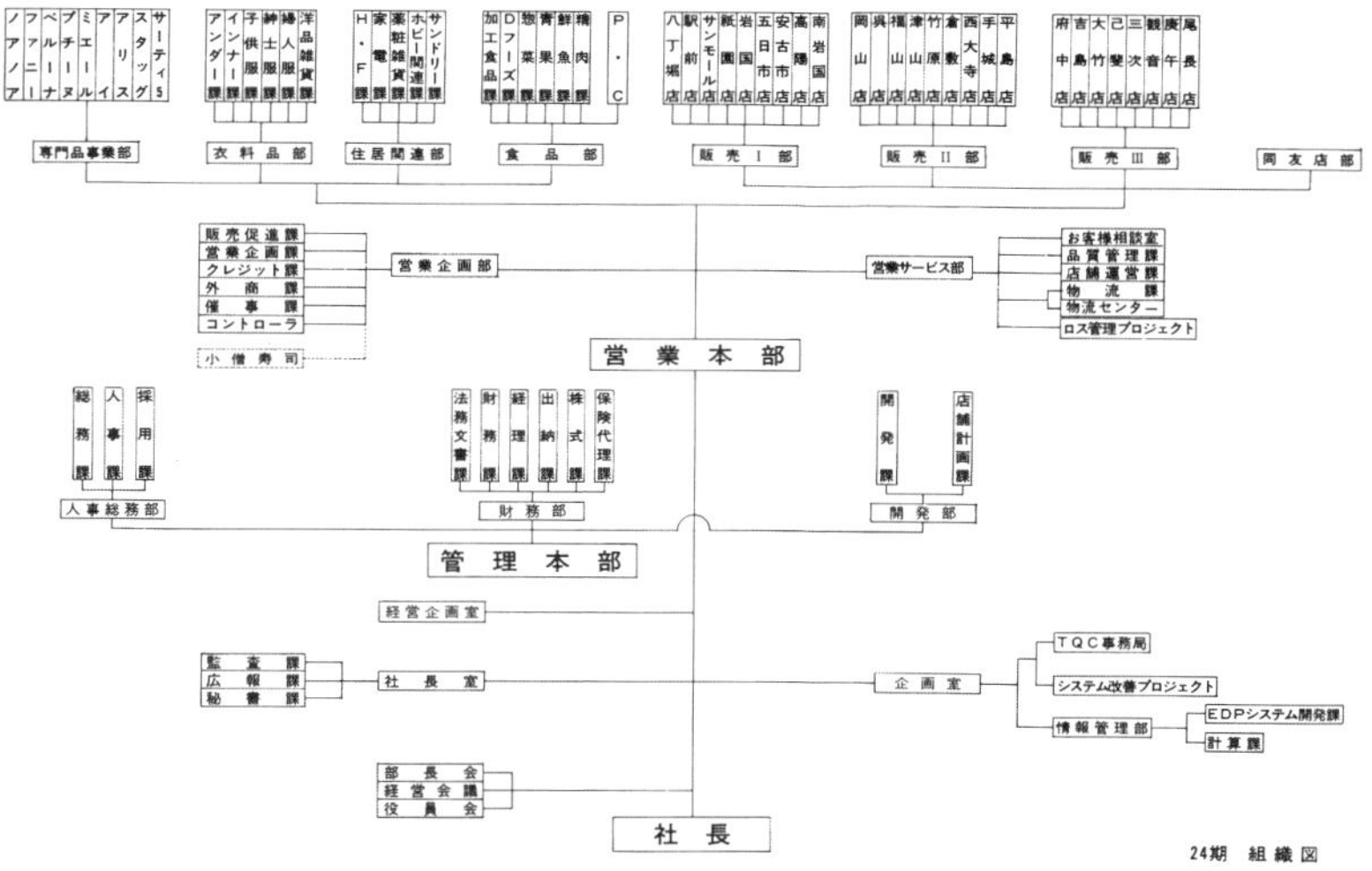

「社長」が一番下に置かれた組織図（1984年）

呼ぶようにしたのです。

同時に、現場に思う存分力を発揮してもらうため、よりフラットな組織を作ることに力を注ぎました。

第24期（１９８４年）の組織図を見ると、図の中心に「営業本部」が置かれ、その上部に「衣料品部」「食品部」「販売部」といった中心部隊があり、左右に「営業企画部」「営業サービス部」が配されています。下部に「管理本部」などがあって、下支えしていきます。

そして「社長」は一番下に記されています。社長からのトップダウンで動く組織ではなく、あくまで社長は根であり、日々の業務を取り決め、動き、枝葉を伸ばすように活動するのはそれぞれの部署である、そのことをイメージさせたかったのです。イズミという会社はそうありたいという私の願いも込められています。

こうした〝「人」を大切にしてモチベーションを高めていく〟制度づくりが功を奏したのか、1986（昭和61）年8月1日には、大阪証券取引所市場第1部、東京証券取引所市場第2部への上場を果たすことができました。そしてその翌年には、念願だった東京証券取引所市場第1部に上場することができたのです。

東証1部への上場は広島県では8番目で、流通業としては中国地方全体で初となります。スーパーマーケットの1号店が産声を上げてから26年。1部上場を果たしたことは、社会からの信用や評価、全国的な知名度も引き上げ、イズミにとって新たな成長・発展に向けた礎となったことは確かだったと思います。

第5章

挑戦と創造は続く

1980年代は、総合スーパー（GMS）にとって受難の時代だったかもしれません。70年代前半にスーパーの出店などを規制するために作られた大規模小売店舗法（大店法）が、私たちの業界をかなり締めつけていたのです。

イズミも、大型店は諦めて、小型店を増やしました。一方で、第3章でも触れたように、八丁堀店をファッションビルに変貌させて、「ウィズワンダーランド」という名称で営業を行いました。オープン時は大成功を収め、一定期間好業績を維持してきましたが、このファッションビルも「得手」で勝負したわけではありません。「餅は餅屋」という言葉があるように、本来の勝負どころとは違っていたようです。ディベロッパー事業のノウハウ獲得にも貢献してくれましたが、その後テナントビルに業態を転換しました。

この時代であっても、経営そのものは右肩上がりの状態を保っていました。しかし、それがいつまで続くかは先行き不透明でした。

それが1990年代に入ると、日米構造協議などの影響から規制緩和がなされて、再び大型店が出しやすくなります。

ただ、以前と同じようなスタイルの店舗を作りつづけても、大規模な集客を維持することは難しいだろうという予感はしていました。それは、さまざまなジャンルの専門店の流行や、文化的な要素も備えた店舗の人気を見るにつけ、衣料にしても食べ物にしても消費者の嗜好は多様化してきていることを感じたからです。

そこで、新しいスタイルの大型店として登場させたのが「ゆめタウン」です。

人々が集い、遊び、暮らす〝街〟――「ゆめタウン」の創造

1990(平成2年)年6月、岡山県高梁市《たかはし》に「ゆめタウン」1号店が、10月には東広島市に2号店がオープンしました。

「ゆめタウン」のコンセプトは、「アメニティとアミューズメントのある生活博物館」。まったく新しいものではなく、かつて祇園店で試みた、単なる売場が並ぶだけではない、人々が集まり、遊び、暮らす「街」のような空間を目指しました。そこに行けば、普段の生活のための生活用品が手に入るだけでなく、胸躍る楽しみがあったり、ふと心が落ち着く安らぎがあったり、日々の疲れから解放される癒やしがあったりする。「ゆめタウン」とは、そのような空間でありたいと願ったのです。

祇園店には、まだそこまで明確なイメージがありませんでしたが、その発展形として「ゆめタウン」は生み出されました。

ゆめタウン高梁（上）ゆめタウン東広島（下）

元号が平成に変わり、バブル景気も怪しくなってきた時期です（バブルが弾けるのは、この翌年のことです）。マネーゲームに踊らされるのではなく、地に足を着けて暮らしていく。そのときに必要な「モノ」、そして「コト」を提供していこう。そうした思いです。

この2店は、いずれも地元の自治体との協力関係によって、地元の活性化のためのショッピングセンター建設を目的としていました。これもまた「ドミナント戦略」の発展形といえます。

「今後、イズミは地元主導型のショッピングセンターへ核として入店する形が主となります」

このように社内報に記しました。そして、そのショッピングセンターの名称とマークとを新たに決めることを宣言したのです。

いくつか候補が上がり、それらを社員による投票で決めることにしました。そして決定したのが「ゆめタウン」でした。

これをロゴ化するにあたっては、かなりディテールにこだわりました。初めは「ｙｏｕ ｍｅ ｔｏｗｎ」と表記していましたが、「ｔｏｗｎ」がじゃまだと感じ、「ｙｏｕ ｍｅ」を大きくシンプルにしました。

「ｙｏｕ ｍｅ」で「あなたと私」という意味でもあり、「ゆめ」とも読ませる。訪れた方々に「夢を与えてくれる空間」、そんな思いが伝わってくるのではないでしょうか。

この新名称とともにロゴマークも新しくしました。

初めは風船のような赤くて丸いマークにして、このマークの下に「ｙｏｕ ｍｅ ｔｏｗｎ」の文字を入れました。風船が膨らむように夢も膨らむ、そのようなイメージです。ところが、遠くから見ると、風船マークだけが目立ってしまい、肝心の「ｙｏｕ ｍｅ」がよく見えません。

これでは、せっかくのネーミングが霞《かす》んでしまうということで、風船マークは取り払って、シンプルにワインカラーを配し、「ｙｏｕ ｍｅ」を上段に、そして下段に「ｔｏｗｎ」とだけ白い文字で記したロゴになったのです。これが１９９５（平成７）年のことでした。

そして、今は「ｔｏｗｎ」も取って「ｙｏｕ ｍｅ」だけを表記する、シンプルなマークを使用しています。

マークでも何でも、覚えてもらうのが目的ですから、シンプルなのが一番なのです。イメージキャラクターとしては、当時、人気が出はじめていた林家こぶ平さん（現・正蔵）を起用しました。親しみやすさがあり、それもまた「ゆめタウン」のイメージづくりに一役買ってくれたと思います。

今では、「ｙｏｕ ｍｅ」というマークを見たら、多くの人が「ゆめタウン」と答えてくれるでしょう。

ロゴマークの変遷

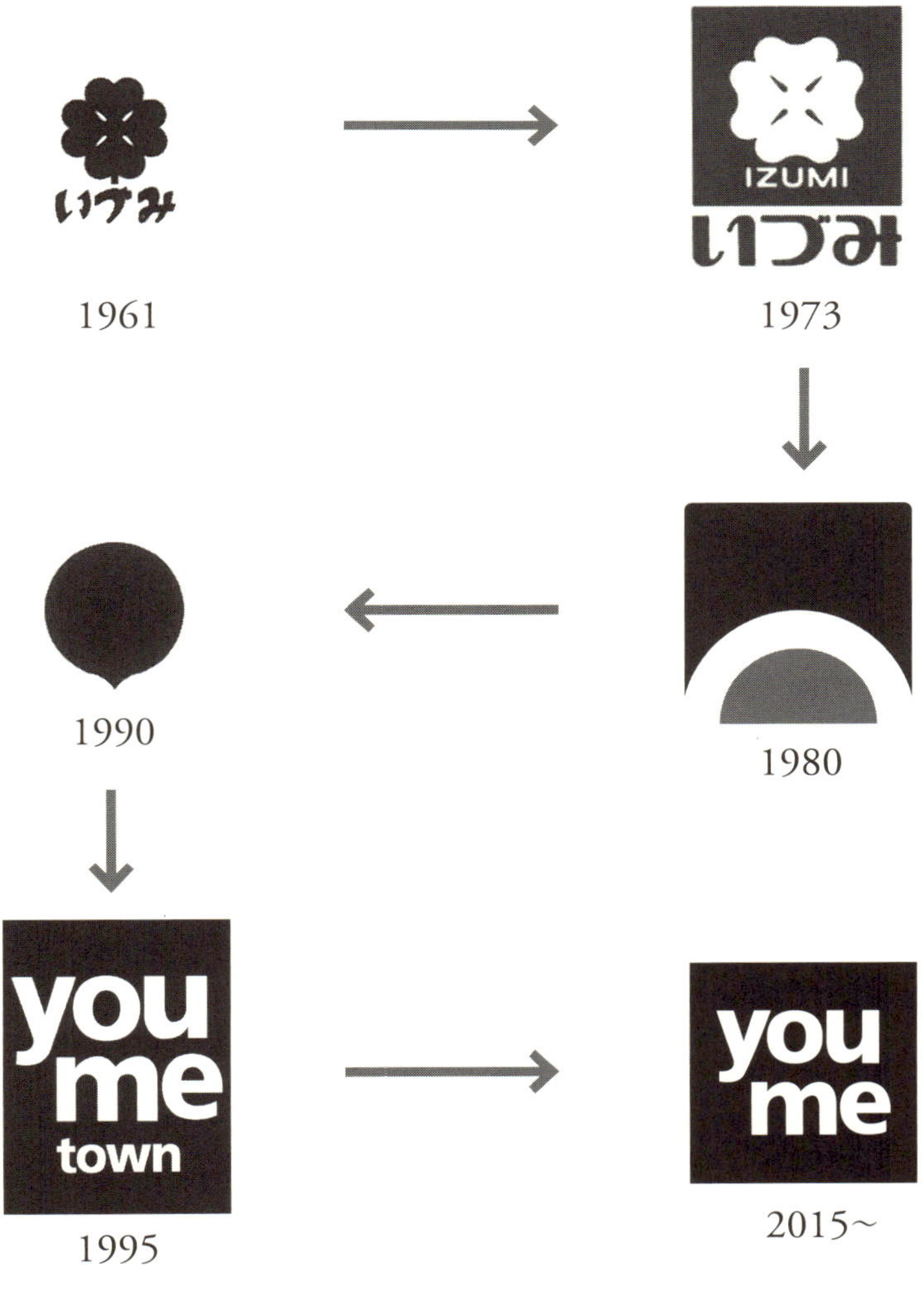

地元感覚を取り込んだアミューズメント空間

東広島店は、今までのショッピングセンターのイメージを一新するソフトとハードを盛り込んだ店舗で、快適な空間を提供し、娯楽性に富んだ設備を備えています。子どもたちの遊び場、パブリックスペースなども広くとるようにしました。

商品は多彩・豊富、そして売場は高級感に溢れた雰囲気を醸し出すようにしました。駐車場は、さらに大きくなって１３００台収容することができます。

私は、この東広島店に深い思い入れがあります。すべてが順調に進んだ店ならば、あまり記憶に残りませんが、何度も躓《つまず》きながらオープンにこぎつけたので、強く印象に残っているのです。

この東広島の「ゆめタウン」では、他では見られないものを作ろうとしました。それこそ日本では類を見ない、新しい店舗にしたかったのです。

そこで思いついたのが、アイススケート場とプールでした。

アイススケート場については早々に建物の設計も終わり、資材も発注し、鉄骨で組み上げる工事を進めていました。

ところが、完成予想図を見ているうちに、どうもアイススケート場というのは小手先の作り物ではないかという気がしてきました。じきにお客さんに飽きられるのではないか――。じっくりと考えてみましたが、やはりそう思えてなりません。

「アイススケート場はやめにしようや」

「もう、すべて発注し終えて、鉄骨も組み上げているんですよ。やめられませんよ」

「アイススケート場というのは、今はええかもしれん。でも、永遠に人気があるもんやない。今のうちに中止にしよう」

かつての祇園店のボウリング場と同じです。どうも、しっくり来なかったのです。

それで急遽とりやめとなりましたが、屋根部分の躯体だけは残ったというわけです。ドーム形の屋根を見て「素敵なデザインですね」と言う人もいますが、実はアイススケート場を途中で中止した結果なのです。

ゆめタウン東広島のプールとフィットネスクラブ

プールも、やはり躯体は作ったものの、中身は入れませんでした。プールの水槽部分は入れなかったのですが、建物は残ったのです。

「ゆめタウン」においては、とくにこうした物を売るだけにとどまらない、付加価値を設けようと心がけました。買い物に来たお客さんが、買い物以外のことで楽しんだり、休んだり、リラックスできるような施設です。

アイススケート場を入れた形のショッピングセンターは、最近になって他で作られるようになり、結構当たり前のように利用されています。私たちが当時考え出したコンセプトは、ちょっとだけ早過ぎたのかもしれません。

それでも、3階のほとんどをアミューズメント空間が占め、エスカレーターの周りは開放的な空間とし、会員制のフィットネスクラブも常設された、新たなショッピングセンターとなりました。

新店舗に店長が赴任してからオープンするまでの期間は、普通は3カ月ほどですが、このときは8カ月をかけています。通常の2倍以上。店長、社員らが地域を歩き回り、この地域の人たちはどのような生活をしているのか、住宅はどんな形態か、交通手段は何を使っているのか、暮らしぶりはどうか、といった生活のディテールを、フィールドワークを通して把握していったのです。そこから、「何を欲しているのか」「必要としている物は何か」が見えてきます。

地元の人たちが望む品物や空間を提供する。まさにそれが、店舗を通じて私たちがしなくてはならないことです。

こうした地元感覚の取り込みは、規模の大小にかかわらず、イズミが目指し実践してきたことでした。それをさらに発展させ、大規模なショッピングセンターへと具現化していったのが「ゆめタウン」だったのです。

そして、たっぷりと時間をかけ、試行錯誤を繰り返しながら形を成してきた「ゆめタウン」の〝思想〟は、風に乗って飛んでいく冠毛《かんもう》の種子のように、広島県、山口県、岡山県、島根県へと、中国エリアの各店舗へと広がっていきました。

そして、その種はさらに関門海峡を越え、九州へと及ぶことになるのです。

さらなる成長へ——九州進出を決断

私は若いころから肉体労働で鍛えられてきたせいか、身体はかなり頑健な方でした。大きな病気もケガもしたことがありません。ところが、70歳になったときリンパ系の病気となり、大手術を受けることになりました。

それまでの人生で初めての大きな病です。

手術はうまくいき、何とか一命をとりとめましたが、療養中にじっくりと来し方を振り返ってみたところ、「そろそろ社長は譲らなあかんかな」との思いを抱くようになったのです。ちょうど70歳。きりのいい年齢です。次期社長職は、娘婿の泰明に継がせることをすでに決めていました。

社長を退くといっても、仕事そのものを辞めるつもりはありません。

新たな土地に、新たな店を作る。このことは、私の最も得意とする仕事であり、生き甲斐でさえあります。それは、身体と脳みそが働いてくれる間は、続けていきたいと願っているのです。

1993（平成5）年4月27日、広島グランドホテルでイズミ会長・社長就任披露パーティを催しました。私の会長職、泰明の社長職への就任お披露目です。このパーティには、860人もの方々が出席してくださり、大盛況となりました。

この翌年、イズミはそれまで目標としてきた年間売上3000億円をはるかに超える5000億円を目標に掲げました。もちろん、何の計画もなく謳ったわけではありません。そこには、イズミを大きく飛躍させるための新たな戦略がありました。

会長・社長就任披露パーティでの1コマ

〝新たな戦略〟を打ち立てること――それは「ゆめタウン」を軌道に乗せた後の大きな課題でした。もちろん、「ゆめタウン」をさらに増やしていくことは、今後も継続していきます。しかし、さらなる成長を図っていくには大きな方向性、指針を決めなくてはならなかったのです。

選択肢は二つありました。

一つは「東」へ向かっていくこと。

もう一つは「西」へと打って出ること。

東か、西か。そのことで、私は社長と、そして会社幹部たちと毎日のように議論を重ねました。

東へ向かうとすると、岡山県から兵庫県がターゲットとなります。兵庫以東は未開拓ではありますが、同業他社がすでにしのぎを削っていきます。大きなマーケットなのは確かですから、参入してもやっていけないことはないでしょう。

ただ、私は東へ向かうのは、あまりに安全策に過ぎる気がしました。どうせ、大きく前進したいのなら、未開拓の土地へ歩を進めたい。幹部会議などで、私はそう発言しました。

一度は、東へ向かう方針が決定されました。まず、岡山、福山地域に集中的に出店する準備をはじめ、次に兵庫県姫路市にターゲットを定めました。そして、姫路での土地やオープン時期などがほぼ決まりましたが、最後の「GO」サインがなかなか出せなかったのです。

それは、西の九州と比較した場合、将来性はどうなのかという疑問があったからです。九州、とくに福岡県、佐賀県は人口密度において中国地区、関西地区を上回っています。約2・5倍もあり、さらには伸び率もはるかに高いというデータがありました。

もう一点は、競合する他社が少ないことが挙げられます。とくに郊外型の大型店は少なく、地元の大手スーパーなどは苦戦を強いられていたため、さらなる出店は控えているようでした。

そして、何よりも平野が多く、高速道路も整備されているため、大型店のメリットが最大限に生かせそうだったのです。

「瀬戸内海にはクジラはおらん」

そう考えると、九州への期待感がにわかに高まっていきました。社長の泰明もまた、将来への可能性を感じていたようです。

「この九州には〝真空地帯〟と呼べるような、可能性に溢れたエリアがある。今がチャンスだ！」

そう言って、決断を下しました。すぐさま、「東征」の出店計画をすべてとりやめて、岡山に作ったばかりの食品工場も手放しました。

そのあたりの潔さがイズミの特徴なのです。

福岡県の遠賀に始まり、筑紫野、行橋、宗像などへの出店も一気に決定して、できるだけ短期に九州での地域一番店を目指す戦略を立てたのです。

西を目指して進む——イズミとしての方向性が決まりました。

新たな店舗の出店は私にとって生き甲斐のようなものだと先に書きましたが、それはとても難しいことも事実です。かつての大阪進出の失敗だけでなく、新規出店に際して私はいくつもの失敗を経験しています。

それは、たとえば駐車場のスペースが足りなかったり、お客さんの動線が予定通りいかなくてお叱りを受けたりといった、大小さまざまな失敗です。その都度、悔しい思いをしてきたものです。

ただ、どのような失敗も二度と繰り返さないよう肝に銘じてきたことと、早めに対処してきたために致命傷とならずに済んだことが、失敗を成功へと転化することができた理由だと思っています。

九州での出店計画は、わくわくする思いと、今度は決して失敗は許されないという緊張感とが入り混じった感覚を味わわせてくれました。

「嗜好の違い」の克服へ、懸命に取り組む

1995（平成7）年、いよいよ九州の地で新たな「ドミナント戦略」をスタートさせました。記念すべき九州での「ゆめタウン」1号店は福岡県の「ゆめタウン遠賀」で、オープンは同年3月23日でした。

オープン日には、大きな幟《のぼり》をつけたアドバルーンがいくつも上げられ、新しい地での門出を祝いました。満を持しての出店だったので、本章の冒頭でも触れましたが、この機会に「ゆめタウン」のロゴをシンプルに改め、色もワインカラーに変更しました。女子社員の制服もこのワインカラーをリボンにあしらった、新しいデザインのものに一新しました。

九州への初出店、ゆめタウン遠賀

続いて1年後の1996年3月19日に開店したのが、「ゆめタウン筑紫野」です。1万7697平方メートルという売場面積は、九州だけでなく「ゆめタウン」としては最大規模のものです。また、他社と比較しても九州最大の店舗でした。2号店で勝負に出たともいえるでしょう。

福岡県筑紫野市は、当時は人口10万人の都市です。しかし、実際にはベッドタウンとして機能していたため、周辺にある都市――太宰府市や佐賀の鳥栖市などの消費者も取り込むことができました。その集客の可能性は計り知れなかったのです。

人員も、イズミとしての精鋭を送り込みました。これまでに主要店舗の支配人をしていた者や流通や売場のエキスパートを揃え、九州での「ゆめタウン」躍進に向けて全力を尽くしました。

しかし、そう簡単にはいかないのが、商いの難しさであり、またおもしろさでもあります。なかなか思ったような上昇カーブを描いてくれません。支店長以下のスタッフはもちろんのこと、本社の幹部連中もいろいろな案を出しては引っ込め、引っ込めては出すという試行錯誤を繰り返しました。

何が困難だったかというと、たとえば「食」における味覚、嗜好の違いは大きかったようです。それも魚や肉といった生鮮品ならば、地域産のものを揃えていけば好みに合いますが、

ゆめタウン筑紫野

調味料、酒類、菓子類については地元の特徴が色濃く出てくるのです。そのことは、同じ中国地方で出店していたときより、もっと差異が大きかったといえます。

広島と九州とでは調味料一つとっても、かなり味付けに違いがあります。そのことは、事前の調査で織り込み済みでしたし、対策も練られていたのです。広島では薄口醤油が主であるのに対して、九州は濃口や甘口が主であるというように。

ところが、その濃口や甘口、九州の中でも地域によってさらに細分化されているのです。地場産の醤油、調味料というものが、地域では定番となっていて、「地元のものでなければダメ」というお客さんも大勢いました。

私たちが足で集めた情報だけでなく、さらに詳細な、さらに深い「嗜好」に関するデータを集めなければなりませんでした。

イズミでは以前から店舗主導型経営を方針として打ち出していました。仕入れや店内人事などを本社主導で行うのではなく、店舗ごとに裁量権を与えて、画一化を避けようとしたのです。

九州進出ではこの支配人制度が適用されたことで、地元の嗜好を的確に素早く取り込むことができたと思います。

オープンしてからも、社員たちは地元の問屋や農家などを訪問して、「地元の味覚」について教えを請いました。社員の熱心さが伝わり、誰もが懇切丁寧に教えてくださったそうです。また、商品の仕入れにも独自のルートが開拓されていき、少しずつ地域に受け入れられる店舗へと変わっていきました。

筑紫野店がようやく軌道に乗ったのは3年目を過ぎてからのことです。

一つの店が地域に溶け込み、地元の人たちの生活の内側に浸透するには、やはりそれぐらいの時間が必要だということなのでしょう。

地元と連携した店づくりへ

九州進出から10年ほどが経ったころ、佐賀県でもっと大きな「ゆめタウン」を作りたいと思うようになりました。

土地探しは私の得意とするところでしたが、当初は「これだ！」と思える場所になかなか出合うことができませんでした。駅のそば、というだけでは適当ではありません。周囲の町や景観、道路の状態、近隣の商店街などなど、選ぶ基準は無数にあります。また、私はそれらのデータだけを基に探すのではなく、実際に現地を訪れ、自分の足で歩いてみて決めるのです。それが最も確実だと思っていました。

そのころも、何度も佐賀県を訪れては車で走り回っていたのです。ある日、いつもと違う道を部下に運転させて走っていましたが、途中、車の中でうとうとしてしまいました。誰かに呼ばれているような気がしてふと目が覚め、窓の外を眺めると、そこにとても広い土地があったのです。

「この土地だ!」

思わず叫んでしまいました。

3万坪の土地です。

車を止めさせて調べてみると、すでに借り手がついているといいます。しかし、諦めきれず、とにかく交渉を重ねていきました。

何度も何度も話をしにいき、そして、やっとのことで手に入れることができました。それが2006(平成18)年にオープンした「ゆめタウン佐賀」です。

九州では、ただ、店を訪れてくれるお客さんのことだけを考えて出店というわけにはいきませんでした。この地では、今まで以上に地元優先の考え方を取り入れる必要があると感じ、可能な限り、地元の自治体や商店街と連携していくことを心がけたのです。

1998(平成10)年に佐賀県で「ゆめタウン武雄」を出店する際には、武雄市側と協議

ゆめタウン宗像

ゆめタウン武雄では
文化施設への動線も

ゆめタウン中津のシャトルバス

を行い、店舗づくりを工夫して、来店客をすでにあった文化施設へと導けるような動線を確保しました。同じ年にオープンした大分県の「ゆめタウン中津」では、地元商店街と協力してシャトルバスの運行も始めたのです。

福岡県の「ゆめタウン宗像」には、生ゴミの店舗施設内処理ができる設備があり、リサイクル活動を推進しています。

「ゆめタウン」では地元での社員採用も多く、地域の雇用推進にもつながっています。勤め始めて、「え、地元の企業じゃなかったの」と気づく方もいたようです。

九州への出店から15年ほどで、イズミの総売上の半分を九州事業部が占めるほどになりました。地域一番店の、その「地域」を九州一円と捉えると、この九州進出はイズミにとって大成功といえたでしょう。

あの「東か西か」を決断する際に、もしも東へ進んでいったら……もちろん、「たら、れば」という仮定の話は意味がありませんが、それでも「岡山、福山、そして姫路に進出していたら今のイズミがあったかなあ」と考えてしまいます。

1997（平成9）年から99年まで、イズミは3年連続して減益となりました。創業以来、初めてのことです。

97年の消費税引き上げなど、原因はいくつかありましたが、あらためて自分たちの足元を見つめ直し、経営体制や人事面、職場環境などの改革を行いました。とくに、人事面では女性社員をさらに活用すべく、各売場の主任への登用を増やしていったのです。それによって、主任の女性比率がほぼ5割となりました。

こうした改革が功を奏し、経常利益は2000（平成12）年からV字回復を果たし、再び成長へと転じていったのです。

見えてきた「売上高1兆円」達成

創業50周年のときに、「1兆円企業の実現」という目標を宣言しました。2011（平成23）年のことです。この時の売上が5000億円ですから、ほぼ2倍ということになります。2倍というのは、簡単な数字ではありません。今までとは違ったやり方、進め方をしなくては、到底無理でしょう。

新たな挑戦に、社員が一丸となって取り組んできました。

その結果、2022年度には9000億円の達成を見込み、いよいよ射程圏に入ってきたのです。

今、イズミの本体は100店舗ほどがあります。不採算店舗は、過去に30店舗ほど閉鎖しています。

一方で既存店への再投資を続けていく予定です。イズミの特徴は再投資によって、店そのものを大きく育てていくことです。これを止めるわけにはいきません。

そして今後は、M&Aも活用しつつ、出店のピッチを上げていかねばならないでしょう。

これら大きく3つのことを進めていくことで、売上高1兆円への道筋が見えてきているのです。

M&Aに関して言いますと、イズミは九州で初のM&Aを経験しました。熊本のニコニコ堂を傘下に収め、熊本県に足場を作ることができたのです。

もともとニコニコ堂はダイエーと業務提携していたのですが、2002（平成14）年に民事再生法適用を申請して事実上倒産、ダイエーとの提携も解消し、イズミの子会社が営業権を取得しました。そして、熊本県内で3店舗（「クリスタルモールはません」「サンピアン」「あらおシティモール」）、長崎県で1店舗（「大村店」）、佐賀県で1店舗（「鳥栖シティモール」）の5つのニコニコ堂店舗を運営受託しました。

このときには、名称を「ゆめタウン」に変えて店舗の大改装を行いましたが、店内の一部

はません 改装前（上）、改装後（下）

は元のままに残しました。また、翌年には小型店23店舗の再建にも取り組み、その際も店舗整理は行いませんでした。

これは、元ニコニコ堂社員の生活を守るとともに、地元でニコニコドーに慣れ親しんだ人たちに迷惑をかけたくないという配慮からでした。M&Aで急拡大を図るにしても、地元の皆さんとの間に軋轢《あつれき》を生むことなく、共に歩んでいこうという姿勢を貫くのがイズミ流なのです。

２０１７（平成29）年10月に発表した中期経営計画に、「変革期こそチャンス、イズミのＤＮＡは、『革新・挑戦・スピード』、環境の変化に対応し、成長と企業価値の向上を果たす」と明記しました。

この「革新・挑戦・スピード」は、私が歩んできた人生そのものです。このスタンスで走り続けたおかげで、今日のイズミがあるのだと思っています。

売上高１兆円達成へ、そしてその先の成長、発展のために、この３つの精神はしっかりと次の世代に引き継いでいきたいと考えています。

第6章

小売業の未来をどう描くか

ここ20年ほど、流通業界ではGMS（総合スーパー）の不振が続いています。各社とも低迷から脱却しようとコストの見直しをしたり、店舗を統廃合したり、他業態の小売業と連携するなどして改善に取り組んでいます。その結果、２０１７年度は大手を中心に損益改善が進みましたが、全体として既存店の売上高減少に歯止めをかけるには至っておらず、今後も厳しい舵取りが迫られるだろうと新聞や雑誌などが報じています。

不振の第一の理由として挙げられるのが、衣料品販売の低迷です。ＧＭＳといえば、「食品で集客し、衣料品で利益を確保する」、つまり、利幅は薄いがお客さんを呼べる食品を前面に出して店に来てもらい、利益率の高い衣料品で稼ぐ、というスタイルが一般的でした。しかし、これが通用しなくなってきている、というわけです。

この背景には、ユニクロ、しまむら、無印良品など新しいタイプの専門店の台頭や、ＺＯＺＯＴＯＷＮをはじめとする衣料系ネット通販の登場など、さまざまなチャネルが市場を賑わすようになったこと、また、消費者の嗜好や購買のスタイルも変わってきたことなどがあり、これらが相まってＧＭＳでの衣料品販売を圧迫するようになっているのです。

加えて衣料品以外でも、利用者が高年齢層に広がりつつあるコンビニエンスストアや、食品スーパー化が著しいドラッグストアなどが大きな脅威になっていること、Ａｍａｚｏｎ、楽天をはじめとするＥコマースが日用品、食品分野でシェアを拡大しつつあることなどが、総合スーパー不振の大きな原因になっていると常々指摘されてきました。

今後もこの流れは止まらず、むしろ加速していくと予想され、GMSのさらなる弱体化は避けられない、業態として構造的に成り立ちにくくなるとの声が聞かれるようになったのです。

では、GMSという業態は、本当に衰退への道をたどることになるのでしょうか。

〝地域一番〟への徹底したこだわりがGMSを強くする

2017年度の実績では、イズミの営業利益は320億円（単体）でした。イオンリテールが118億円、イトーヨーカ堂が30億円、ユニーが179億円でしたので、業界屈指の業績を収めることができました。

営業収益対比の営業利益率を見ても、イオンが0・5パーセント、イトーヨーカドーが0・2パーセントだったのに対し、イズミは4・7パーセントに達しています。

このイズミの実績に表れているように、GMSはまだまだ収益を上げつづけることができる業態であると私は考えています。

では、GMSとして生き残り、成長をつづけるための条件とはなんでしょうか？

それは、何よりもまず「地域一番店」になることだと考えます。

マーケットがある程度大きなエリアで最大規模の店を展開するというスケールメリットは、計り知れないものがあります。ここにきて百貨店の凋落が目立つようになってきたこともあり、もう「何でも屋」の時代は過ぎ去ったかのようにいわれていますが、衣食住すべてを扱い、ここに来れば何でも揃う、という利便性は、まだまだ訴求力があるはずです。

ただし、中途半端ではダメです。他店を圧倒する規模、スケールが不可欠です。

圧倒的に強い店舗を作るには、初期投資が重要となってきます。地域一番店を目指すのであれば、「この程度でいいだろう」という妥協は禁物で、立地、敷地面積、建物の規模などすべての面で、〝地域で一番〟にこだわりぬく必要があります。

同時にハード面だけではなく、ソフト面でも妥協しない姿勢が必要です。すでに触れたように、ロゴデザインのディテールにこだわったり、付加価値の高いアミューズメントの導入に心血を注いだり、といった努力を繰り返すことです。

また、目論見通りの店が出来上がり、想定していた売上が上がったらそれで終わり、ということではありません。開店時のパフォーマンスを継続して発揮しつづけることができるよう、メンテナンスが欠かせないのです。

メンテナンスといっても、オープン時の状態に戻せばいい、ということではなく、周囲の環境の変化、時代の変化にも柔軟に対応し、常にお客さんに支持され、注目されつづける状態を維持していくということです。いわば〝再投資〟です。変化を見過ごさず、変化に寄り添う姿勢が必要です。

衣料品、食品部門の強さがイズミの成長の源

ＧＭＳ低迷の最大要因は衣料品の不振であるといわれていますが、イズミの場合、全体の利益の２割程度を衣料品で稼ぎ出しています。しかも、10億円以上の利益を上げている店舗が10店舗以上もあるのです。

衣料品を売るノウハウをもっていることが、イズミの大きな強みとなっているのです。他社にないノウハウを獲得できた背景には、イズミがもともと衣料問屋であったこと、そしてかつて高シェアを維持していた衣料ブランド「ポプラ」を展開していた経験が、やはり大きな要素としてあると思います。

ペガサスクラブで渥美俊一さんには酷評されましたけど、小売、問屋、製造という３つの

現在の衣料品売場

事業を同時期に経験できたことは、今のイズミの競争力のベースになっているといえるのではないでしょうか。

もちろんユニクロや、ここ最近衣料品部門で急速に売上を伸ばしている無印良品との競争は今後さらに激化していくでしょう。それでも、イズミにはまだまだ対抗できる力が残っていると思います。

また、食品分野でも、イズミならではの強さを支える要素があります。それは、高級和牛などの精肉や一味違うこだわりの惣菜、そして地域に根ざした地場産品など、付加価値の高い品揃えに力を注いできたことです。

とくに、地場産品については、たとえばゆめタウン高松（香川県）では地元ブラン

こだわりの精肉売場／地場野菜コーナー

ドのトラウトサーモン「讃岐さーもん」を販売し、ゆめタウン筑紫野（福岡県）にはＪＡの協力のもと新鮮な地元野菜を揃えたコーナーを設けるなど、それぞれの地域で生まれ親しまれてきた肉、魚、野菜、果物を取り込んだ特色のある売場づくりが、お客さんからの熱い支持につながっているのです。

さらに、他のＧＭＳと一線を画しているのが、惣菜です。出来合いのものを仕入れて並べるのではなく、お客さんの嗜好を見極めてレシピから開発した惣菜を自社工場で作って提供しているのです。

現在、工場は広島市内に２カ所、福岡県八女市に１カ所の計３工場が稼働しています。さらに、２０２０年完成を目指して、

広島市のゆめデリカ本社 商工センター工場と、
イズミらしさが際立つ惣菜売場

広島市内に新工場を建設しています。

自社工場を持つことで、お客さんのニーズに寄り添った商品を提供できるとともに、いいものを安く提供するためのコストダウンを図ることも可能になります。

たとえば、食品工場では膨大な量の水が必要になりますが、広島市内の深川町にある工場では、地下水を利用することで、経費を大幅に削減することができました。

このように、GMSが業態として成り立ち、収益構造を維持していくための条件を見極め、必要であれば巨額の投資も厭《いと》わないこと、そして、お客さんが求めるものをしっかりと捉え、現場で臨機応変に対応していくこと、こうした姿勢がイズミの成長を支えているのだと思います。

これがきちんと機能している限り、GMSという業態は今後も存続・発展していけるはずです。

「人を喜ばせたら、その喜びは自分に返る」

GMSとしての成長をどう描いていくかについてご説明してきましたが、根っこにある商いの姿勢というものは今までと変わりません。イズミの場合、それは何度も繰り返すようですが「革新・挑戦・スピード」です。この3つをDNAとしてしっかりと次の時代に引き継いでいくことで、今後のイズミの成長、発展を支えてくれるものと思います。

私自身は、さすがに最近は若いころのようにはいかなくなっています。昔は5分間で決断できたことも、今は2時間、3時間とかかるようになりました。それだけスピードが落ちたということでしょう。

でも、96歳を迎えた今でも、週6日出勤していますし、週末の店舗巡回も欠かしていません。ここ最近は大きな病気もせず、足腰もおかげさまでしっかりしています。ゴルフもしませんし、ほかに道楽もなく、何より仕事が好きなのです。

泉美術館のエントランス（左は佐藤忠良『帽子・あぐら』）

ここまでやってこられたのは、お客さんはもちろん、お世話になってきた方々、素晴らしい仲間たちの支えがあったからこそです。こうした方々、そしてイズミという会社を支え成長させてくださった地域、社会への感謝の気持ちを忘れてはならないと思っています。

カーネギーは「人生の前半はしっかり稼いで、後半はそのお金で世のため人のために尽くしなさい」と言っています。感謝の気持ちを具体的な形にして世の中に還元する、ということですね。これを実践しようと、1997（平成9）年4月に開設したのが泉美術館です。私が長年にわたってこつこつと集めてきた梅原龍三郎、熊谷守一をはじめとする洋画から、横山大観、前田

女子1部リーグで日本一に輝いたハンドボール部

青郁などの日本画、佐藤忠良の彫刻などを収蔵し、公開しています。

　また、地域のスポーツ振興にも貢献しようと、１９９３（平成５）年７月に中国地方初の実業団チーム「イズミ女子ハンドボール部」を創設しました。元全日本代表選手の松本義樹氏を監督に招聘《しょうへい》し、バルセロナオリンピック金メダリストの林五卿選手を主力に据えるなど、当初から一流のチームを目指した結果、創部3年目の97年1月、第21回日本ハンドボールリーグ女子1部リーグで優勝するという快挙を成し遂げることができました。

　スポーツ関連では、１９９４（平成６）年の「第12回アジア競技大会広島」で公式スポンサーになるなど、各種大会への協賛も積極的に行っています。

地域や社会への貢献は形だけあればいい、ということではありません。大切なのは何よりも人を喜ばせること。そして、その喜びを共有すること。それが商いの基本、生き方の基本でもあります。「人を喜ばせたら、その喜びは自分に返る」、これが私の人生観です。

その原点は、やはり焼け跡の露店で干し柿を売っていたころにさかのぼります。ヤミ市にやってくる人たちの地下足袋や花嫁衣装と干し柿を交換して手渡す。すると涙を流して喜んでくれることもある。その表情が忘れられません。この喜び、嬉しさをお客さんと共有する、その思いが今までの自分を支えてきてくれたのだと思っています。

わが人生、おもしろいことがたくさんありました。うまくいったり、ダメだったり、いろいろと経験してきましたが、いつもワクワク、ドキドキする思いを楽しみながら、走りぬいてきたというのが実感です。苦しい、つらいと思ったことはほとんどありませんでした。

小売業が大きく変わろうとするこれからの時代、行く手に何が待っているかは分かりません。でも、予測不能であるということは、それだけ大きな可能性もあるということです。「ワクワク、ドキドキする思い」は、これからもしばらく続きそうです。

おわりに

昨年（２０１８年）７月、西日本を中心とする広い地域を記録的な大雨が襲いました。「平成30年7月豪雨」、通称「西日本豪雨」です。大規模な洪水、土石流で２００人以上の方が犠牲となる大災害となり、イズミでも３店舗が被災しました。

その２年前の２０１６（平成28）年４月、九州では熊本地震が大きな被害をもたらしました。イズミも大型店で天井が抜け落ちるなど大きなダメージを受け、５店舗が休業に追い込まれています。完全な復旧には半年ほどかかりました。

熊本でも、広島、岡山でも、イズミでは幸い人的な被害をこうむることはありませんでした。しかし、いずれもかつてない規模の災害でしたから、各地域に甚大な被害をもたらし、多くの方々が被災されています。

地域とともに歩んできたイズミとして、こうした機会に何らかの形で地域のお役に立たなければ、との思いが強く、熊本県に10億円、広島県に８億円、岡山県には１億円を寄付させていただきました。

大災害の爪痕は今も消えず、まだまだ多くの方々が被災生活を強いられており、復興に向けては多くの課題が山積しています。私たちができる支援はわずかなものですが、今後もさまざまな形で地域のお役に立てればと考えています。

さて、このたび長年にわたる経営者人生に一区切りつけることになり、5月29日付で取締役会長を退任し、名誉会長に就任いたしました。

なぜ経営の一線から退く決断に至ったかというと、今触れた二つの災害が関係しています。熊本地震の際には、イズミの従業員、パートさんたちも被災し、住まいに深刻なダメージを受けた者も多くいました。にもかかわらず、従業員もパートさんたちも自宅よりも店舗を優先し、地域の皆さんのために復旧に力を尽くしてくれたのです。

また、西日本豪雨では、土砂崩れなどで広島市と呉市を結ぶクレアライン（広島呉道路）や国道31号などが一時不通となった際に、イズミではいち早くカーフェリーをチャーターして水や食料、日用品などの生活必需品の供給に努めたのですが、これは本部からの指示ではなく、現場の従業員たちの自発的な判断によるものでした。

いざというとき、地域のために、お客さんのために何をなすべきかをきちんと判断し、実行に移し、努力を惜しまない従業員たちの姿に接し、「みんな、やるときはやるじゃないか」と胸が熱くなり、誇らしさも感じました。

もちろん、役員にも従業員たちにもまだまだ至らない点は多々あり、激変する小売業界を生き抜くために、さらなる高みを目指して頑張ってもらわなければなりませんが、想像していた以上に立派に育ってくれた、成長してくれたとの思いも強く、イズミの将来はもう彼らに託してもいいだろうという気持ちになったのです。これが今回、名誉会長に退く決意をした理由です。

敗戦の傷跡がいまだ癒えない1946（昭和21）年、年端も行かぬ3人の丁稚さんたちと商売を始めてから、気がつけば70有余年の年月が経ちました。学歴も商才もない私が今日あるのは、生まれ持った健康な身体、類まれな運、そして何より多くの方々のお力添えがあったからこそです。

これからは「お客さまに尽くすこと」「従業員にとって働き甲斐のある会社を作ること」を自らの務めと心得て、世の中にご恩返しをしていきたいと考えています。

肩書は変わっても、生涯現役を貫く気持ちに変わりはなく、今までどおり毎日出勤し、週末には店舗の巡回を続けていくつもりです。

店内に立ち、GMS不振といわれるこの時代に変わらず買い物に来てくださるお客さんを目の当たりにすると、自分が歩んできた道は間違っていなかったなという手ごたえを感じることができます。そして、いい人生を送らせてもらったと日々感慨を新たにしています。もうしばらく、足腰の立つうちは仕事に励み、少しでも皆さまのお役に立つことができれば、これ以上幸せなことはありません。

私を支え、力をくださったすべての皆さまに感謝し、ペンを置きたいと思います。誠にありがとうございました。

２０１９年５月　山西義政

山西義政（やまにし・よしまさ）
1922（大正11）年9月1日、広島県大竹市に生まれる。20歳で海軍に入隊し、当時世界一といわれた潜水艦「伊四〇〇型」に機関兵として乗艦。オーストラリア沖ウルシー環礁への出撃途上、西太平洋上で終戦を迎える。戦後、広島駅前のヤミ市で商売の道に進む。1950（昭和25）年、衣料品卸山西商店を設立。1961（昭和36）年、いづみ（現イズミ）を創業し、代表取締役社長に就任。同年、スーパーいづみ1号店をオープン。1993（平成5）年、代表取締役会長。2002（平成14）年、取締役会長。2019（令和元）年5月より名誉会長。西日本各地に「ゆめタウン」などを展開し、一大流通チェーンを築く。

ゆめタウンの男
戦後ヤミ市から生まれたスーパーが年商七〇〇〇億円になるまで

2019年6月15日　第1刷発行

著　者　山西義政
発行者　長坂嘉昭
発行所　株式会社プレジデント社
〒102-8641 東京都千代田区平河町2-16-1
平河町森タワー 13F
http://president.jp　http://str.president.co.jp/str/
電話　編集(03) 3237-3732
販売(03) 3237-3731
編　集　桂木栄一　千﨑研司(コギトスム)
編集協力　山村基毅
販　売　高橋 徹　川井田美景　森田 巌　末吉秀樹
装　丁　秦 浩司(hatagram)
制　作　関 結香
印刷・製本　凸版印刷株式会社

ISBN978-4-8334-2305-2
Printed in Japan